Der Mut zur Moderne

Ernst von Siemens
(1903–1990)

Der Mut zur Moderne

Der internationale
Ernst von Siemens Musikpreis
Eine Dokumentation
der Jahre 1994 bis 1998

Inhalt

Wieland Schmied: Eine erfreulichere Bilanz läßt sich wohl nicht denken 6

Reinhard J. Brembeck:
Honi soit qui mal y pense, vom Sinn des Ernst von Siemens Musikpreises 9

Claudio Abbado (1994) 15
Laudatio von Ulrich Eckhardt 16
Dankesworte von Claudio Abbado 23
Text der Verleihungsurkunde 24
Biographie 25

Sir Harrison Birtwistle (1995) 26
Laudatio von Tom Phillips 27
Dankesworte von Harrison Birtwistle 36
Text der Verleihungsurkunde 38
Biographie 39

Maurizio Pollini (1996) 40
Laudatio von Joachim Kaiser 41
Dankesworte von Maurizio Pollini 50
Text der Verleihungsurkunde 52
Biographie 53

Helmut Lachenmann (1997) 54
Laudatio von Wolfgang Rihm 55
Dankesworte von Helmut Lachenmann 65
Text der Verleihungsurkunde 68
Biographie 69

György Kurtág (1998) 70
Laudatio von Roland Moser 71
Dankesworte von György Kurtág 79
Text der Verleihungsurkunde 81
Biographie 82

Anhang	83
Förderpreise	84
Zuwendungen an Institutionen, Ensembles und Personen	85
Förderpreise an Komponisten	86
Ernst von Siemens Musikpreisträger	90
Magnus-Haus-Konzerte Berlin	91
Programme der Konzerte	94
Pressestimmen	95
Hommage für Dr. h.c. Paul Sacher, Ehrenvorsitzender des Kuratoriums, aus Anlaß seines 90. Geburtstages	96
Die Mitglieder des Stiftungsrats und des Kuratoriums der Ernst von Siemens Stiftung	98
Statut der Ernst von Siemens Stiftung, Zug	101
Personenregister	105
Nachweise	109
Impressum	110

Eine erfreulichere Bilanz läßt sich wohl nicht denken

Im Jahr 1998 darf die Ernst von Siemens Stiftung auf ihr 25jähriges Bestehen zurückblicken. Seit ihrer Gründung am 20. Dezember 1972 (1973 erhielt Benjamin Britten den ersten Preis) konnte sie 25mal den Großen Ernst von Siemens Musikpreis verleihen, der mit Recht als wichtigster Einzelpreis für Musik bezeichnet wird. Im gleichen Zeitraum hat sie rund 250 Förderpreise vergeben, auch sie alle stattlich dotiert. Über die ersten zwanzig Jahre ihrer Aktivitäten hat eine 1994 erschienene Publikation ausführlich informiert. Nun gilt es, die nächsten fünf Jahre bis zum Vierteljahrhundert-Jubiläum zu dokumentieren. Nicht ohne Stolz legen die Verantwortlichen hier ihren Rechenschaftsbericht für die Jahre 1994–1998 vor. Eine erfreulichere Bilanz läßt sich wohl nicht denken.

Um mit nüchternen Zahlen zu beginnen: bewegte sich die Gesamtsumme der Preise und Förderungen, die die Ernst von Siemens Stiftung ausschütten konnte, in den Jahren 1994–1996 zwischen DM 650.000 und DM 670.000, so stieg diese Summe 1997 auf DM 900.000 und 1998 auf DM 1.250.000. Auch in den kommenden Jahren wird sie DM 1.250.000 betragen. Dank ihrer großherzigen Ausstattung durch Ernst von Siemens ruht die Arbeit der nach ihm benannten Stiftung auch in Zukunft auf einem sicheren Fundament.

Wichtiger noch als die Höhe der verliehenen Geldsummen aber ist ihre sinnvolle Verteilung. Mit Recht dürfen Kuratorium und Stiftungsrat der Ernst von Siemens Stiftung für sich in Anspruch nehmen, den Großen Musikpreis nie „unter Rang" vergeben zu haben. Die Liste der mit diesem Preis Ausgezeichneten spricht für sich selbst. Das gilt für die letzten fünf Jahre nicht weniger als für die vorangegangenen zwanzig, wo Benjamin Britten den Reigen der Preisträger eröffnete, der über Olivier Messiaen, Pierre Boulez und Hans Werner Henze bis zu György Ligeti führte, um nur einige wenige Namen aus einer illustren Abfolge herauszugreifen. Zuletzt wurden mit dem Großen Ernst von Siemens Musikpreis ausgezeichnet:

1994 Claudio Abbado
1995 Harrison Birtwistle
1996 Maurizio Pollini
1997 Helmut Lachenmann
1998 György Kurtág

Nicht minder respektabel liest sich die Liste der mit Förderpreisen bedachten jüngeren Komponisten und Interpreten sowie das Verzeichnis der Ensembles, Institutionen und Projekte, die mit Unterstützungen bedacht wurden. Einige von ihnen – wie das Gustav Mahler Jugendorchester in Wien – wurden über mehrere Jahre hinweg gefördert, um so ihre Existenz nachhaltig zu sichern. An anderer Stelle dieser Publikation sind alle Empfänger von Förderpreisen der Jahre 1994–1998 im einzelnen aufgeführt.

Schon bei einer ersten Durchsicht der Liste der Empfänger der Ernst von Siemens Musikpreise (des Hauptpreises wie der fördernden Auszeichnungen) werden vier Grundsätze deutlich, die die Arbeit des Kuratoriums – das in vollkommener Unabhängigkeit seine Entscheidungen trifft – leiten. Es sind dies bei der Vergabe des Hauptpreises der – nicht starr im Ein- bzw. Zwei-Jahres-Rhythmus fixierte, aber konzeptuell programmierte – Wechsel zwischen einem bedeutenden Komponisten und einem herausragenden Interpreten, dann die konsequente Verbindung eines Großen Preises mit einer Vielfalt von Förderungen und Subventionen, darüber hinaus die Bemühung um eine möglichst ausgewogene Zuwendung sowohl zu einem weit gefaßten Spektrum zeitgenössischer Avantgarde wie zur Pflege als gegenwärtig erlebter (oder wieder zu entdeckender) Tradition, schließlich die prinzipielle Offenheit gegenüber allen Stilrichtungen, Schulen, Disziplinen sowie der nationalen oder geographischen Herkunft der Preisträger.

In diesem Sinne versuchen Kuratorium und Stiftungsrat das Vermächtnis von Ernst von Siemens zu erfüllen. Mit der Einrichtung seiner verschiedenen Stiftungen verstand er sich als Mäzen, nicht als Sponsor, der auf eine Gegenleistung aus ist. Er wollte geben, damit andere geben können: neue Werke, neue Formen der Interpretation. Aber er wollte ebenso geben, damit andere bewahren können: das, was es wert ist, als lebendige Überlieferung an die nächste Generation weitergegeben zu werden. Ernst von Siemens wollte, indem er sein Vermögen einbrachte, über sein Leben hinaus kulturell wirken, materiell etwas bewirken. Er wollte der Musik in unserer Zeit Resonanzböden zur Verfügung stellen – für Komponisten und Interpreten, für Ensembles und Institutionen. In der Erfüllung dieses Auftrags sieht die Ernst von Siemens Stiftung eine ihrer hervorragenden Aufgaben nicht zuletzt auch darin, über zeitgenössische Musik aufzuklären und für sie um Aufgeschlossenheit und Verständnis zu werben.

Diesem Ziel dienen – neben der jährlichen Preisvergabe – speziell auch die von ihr veranstalteten Magnus-Haus-Konzerte in Berlin. Als „Musikalischer Salon" im Magnus-Haus am Kupfergraben (das mit Hilfe der Siemens AG vorbildlich restauriert wurde und wieder in altem Glanz erstrahlt) tritt seit Herbst 1995 eine kleine Konzertreihe mit Preisträgern der Ernst von Siemens Stiftung vor ein ausgewähltes Publikum mit Gästen aus den Bereichen Wirtschaft, Politik und den Medien (so daß die Preisträger zugleich via Rundfunk und Presse einer größeren Öffentlichkeit bekannt gemacht werden).

Zwei herausragende Ereignisse in der Reihe der Magnus-Haus-Konzerte verdienen besondere Erwähnung. Im Herbst 1996 wurde der 90. Geburtstag des Ehrenvorsitzenden des Kuratoriums, Paul Sacher, nachgefeiert, Ende 1997 der 75. Geburtstag des langjährigen Vorsitzenden des Stiftungsrates, Heinz Friedrich. Insgesamt wurden im Zeitraum von 1995 bis 1998 dreizehn Konzerte veranstaltet.

In den leitenden Gremien der Ernst von Siemens Stiftung hat es in den vergangenen fünf Jahren unserer Berichtsperiode mehrfach einen Wechsel gegeben. Statutengemäß ist – entsprechend einem ausdrücklichen Wunsch Ernst von Siemens' – der Vorsitz im Stiftungsrat mit der Präsidentschaft der Bayerischen Akademie der Schönen Künste verbunden. Nachdem Heinz Friedrich nach Ablauf seiner vierten Amtsperiode als Akademiepräsident 1995 nicht wieder kandidiert hatte, kam es 1996 auch zu einem Wechsel im Vorsitz des Stiftungsrats. Der Unterzeichnete, seit 1995 Präsident der Akademie, durfte Heinz Friedrich anläßlich der feierlichen Übergabe der Siemenspreise im Münchener Cuvilliéstheater am 12. Juni 1996 den Dank der Stiftung für sein kompetentes und hingebungsvolles Wirken an der Spitze der Stiftung aussprechen.

1995 trat Ulrich Meyer-Schoellkopf als Vorsitzender des Kuratoriums zurück, Thomas von Angyan wurde sein Nachfolger. Im gleichen Jahr schied der Sekretär des Kuratoriums, Rüdiger von Canal, aus, und durch eine revidierte Geschäftsordnung wurde Michael Roßnagl als Geschäftsführer eingesetzt. In der Schweizer Geschäftsführung löste 1997 die KPMG Fides Luzern (Hubert Achermann, Christoph Portmann) Heinz W. Fierz von der Acton Treuhand in Zug ab. Wegen Erreichen der in den Statuten vorgesehenen Altersgrenze (von 75 Jahren) konnte Sir Ronald H. Grierson nicht in den Stiftungsrat wiedergewählt werden. An seine Stelle trat The Earl of Chichester. Neu hinzu kam Reinhold Kreile. In das Kuratorium wurden Hermann Danuser (1996) und Cristóbal Halffter (1997) neu gewählt.

Es ist mir ein Bedürfnis, auch an dieser Stelle allen Mitgliedern des Stiftungsrates und des Kuratoriums für ihre ehrenamtlich geleistete verantwortungsvolle Aufgabe sehr herzlich zu danken. Besonderen Dank schulde ich Thomas von Angyan, dem höchst aktiven Vorsitzenden eines höchst aktiven Kuratoriums. Unter den Mitgliedern des Stiftungsrates gilt mein Dank vor allem Peter von Siemens und mit ihm dem Hause Siemens, das der Stiftung stets in großzügiger Weise die notwendige organisatorische Hilfe hat zukommen lassen. In diesen Dank mit eingeschlossen sind die neuen Schweizer Geschäftsführer in Luzern und München und hier nachdrücklich auch Juliane von der Heyde und Hildegart Eichholz. Sie alle sind es, die tatkräftig mithelfen, die Ernst von Siemens Stiftung mit Leben zu erfüllen und so den reibungslosen Ablauf ihrer Arbeit zu ermöglichen.

München, im Dezember 1998

Wieland Schmied
Vorsitzender des Stiftungsrates

Honi soit qui mal y pense

Vom Sinn des Ernst von Siemens Musikpreises

Die mit dem fürsorglich altmodischen Etikett „klassisch" titulierte Musik steckt heute in der wohl schlimmsten Krise ihrer gut tausendjährigen Geschichte: Sie ist von der völligen Marginalisierung, wenn nicht sogar vom Aussterben bedroht. Das gilt nicht nur für die penetrant kaum beachtete Neue Musik, sondern auch für den traditionellen Musikbetrieb, der sich weltweit fast völlig in ein klingendes Museum der hübschen Stellen verwandelt hat. – Diese apokalyptisch anmutende These mag Leser, Konzertgänger und Fans dieser elitären Kunstrichtung verwundern. Erst recht in diesem Tätigkeitsbericht des Ernst von Siemens Musikpreises, der renommiertesten und finanziell gewaltigsten Auszeichnung, die ein klassischer Musiker erhalten kann. Eine fast schon klischeehaft häufig mit dem Nobelpreis verglichene Ehrung. Wobei es jedoch zu denken geben sollte, daß zwar ein Nobelpreis für Literatur verliehen wird, nicht jedoch für Musik. Und auch nicht für die anderen Künste: Malerei, Bildhauerei, Architektur, Film, Popmusik, Werbung… Ganz zu schweigen von den „reproduzierenden" Künsten, zu denen die Musik jenseits der Komposition unweigerlich auch zählt, und die der Siemenspreis in einer Reihe von führenden Interpreten in diesen ersten 25 Jahren seines Bestehens deshalb ebenfalls ausgezeichnet hat.

Menschen können Bilder, Skulpturen und Bücher besitzen, können sich ihrer materiell versichern. Darin liegt der Handelswert von Kunst. Bei Musik – ihrem Wesen nach ephemer und ungreifbar – liegt der Fall anders. Sie läßt sich, sogar wenn auf Schallplatte gepreßt, nicht als ein besitzbarer oder gar wertvoller Gegenstand verhandeln, auf den man jederzeit Zugriff hätte. Das Autograph von Beethovens Fünfter mag bei einer Auktion Millionensummen erzielen. Doch Partituren sind nicht Musik: diese muß immer wieder neu realisiert werden. In Musik, Theater und Ballett existiert im Gegensatz zu den anderen Künsten das Ergebnis nur in untrennbarer Einigkeit und Einheit mit dem produzierenden Menschen – und *live*. (Selbst die beste und inspirierteste Aufnahme wirkt doch immer nur wie der Schatten eines Eigentlichen und Größeren.) Das macht Musik/Theater/Ballett zu altmodischen Kunstformen: Sie widersetzen sich dem kapitalistischen Marktgesetz der beliebigen Reproduzierbarkeit, das der Kunst heutzutage allein Wirtschaftlichkeit sichern kann.

In der Popmusik unterwerfen sich diesem Gesetz so gut wie alle Künstler. In der Klassik vorerst nur die Drei Tenöre, Andrea Bocelli, Vanessa Mae, David Helfgott & Co. Doch so wie Alberich für den Gewinn von Macht und Geld auf die Gunst der Liebe verzichten mußte, so müssen die erwähnten Musiker auf die Kunst verzichten. Dies scheint der Preis zu sein, wenn man mit klassischer Musik in dieser kapitalistisch unterwanderten Welt der Nützlichkeiten konkurrieren will.

Also verwundert das geringe Interesse an Klassik wenig. Nimmt man die Verkaufszahlen von CDs als Meßlatte fürs weltweite Musikinteresse, dann sind nicht einmal annähernd zehn Prozent der Menschheit für klassische Musik zu begeistern. Das ist enttäuschend wenig, und jene Klassik-Fans, die mit solchen Zahlen zufrieden sind, lügen sich selbst etwas vor. Denn schließlich geht es bei Klassik um sehr viel mehr als um die mittlerweile zum entscheidenden Kriterium für Qualität gewordene Unterhaltung: Es geht, ganz banal gesagt, um letzte Dinge, existentielle Wahrheiten, menschliche Grunderfahrungen – die im auf Hochglanz polierten Klassikbetrieb allerdings zum Verschweigen und Verschwinden gebracht werden. Allzu groß scheint selbst in Klassik-Musik-Kreisen die Angst vor jenen geheim gefährlichen Kräften, die schon Platon in der Musik vermutete: durch die der Mensch und damit die Welt verändert werden könnte.

Pessimisten werden vielerlei Faktoren die Schuld für dieses Desinteresse zuweisen: Eltern, Schule, Medien, Alltagshektik... Optimisten können auf eine bessere Zukunft hoffen. Darauf, daß irgendwann Qualität über Quantität siegen wird, Anspruch über platte Unterhaltung. Aristokraten und Realisten werden schlicht behaupten, daß sich klassische Musik wegen ihrer komplexen Strukturen und des immer wieder beschworenen hohen Anspruches noch nie als Massenkunst geeignet hätte. Daran haben letztlich auch die unzähligen Popularisierungsversuche der vergangenen Jahre nichts ändern können.

Um also zu retten, was noch zu retten ist, präsentieren Opernhäuser und Sinfonieorchester fast ausschließlich die großen klassischen und romantischen Repertoires, routiniert und in die ewiggleiche Reproduktion verliebt. Diese Kulinarik kommt beim typischen Klassikpublikum – in der Regel überaltert und den gesellschaftlich höher gestellten Schichten zugehörig – gut an, füllt die großen Säle. Schließlich sind einhundert Prozent Auslastung für die subventionierenden Politiker zum einzigen und entscheidenden Kriterium geworden, weil sie meist gar nicht (mehr?) in der Lage sind, Rang, Qualität und Bedeutung einer Aufführung, eines Stücks, eines Konzepts selbst beurteilen zu können. Wie denn auch?: Jenseits von Festakten werden Volksvertreter so gut wie nie in den von der Allgemeinheit teuer bezahlten Musikhallen gesichtet...

Am schlimmsten leidet unter solcher Einschalt-Quoten-Mentalität die moderne Musik. Im Gegensatz zur mittlerweile etablierten und wirtschaftlich sehr viel selbständigeren Alte-Musik-Bewegung wird die aktuell komponierte Kunstmusik seit etwa einhundert Jahren bevorzugt mit Publikums-Mangel, Desinteresse oder gar Verachtung konfrontiert. So wie beispielsweise bei der Verleihung des Nürnberger Menschenrechtspreises 1997, als Ausschnitte aus Luigi Nonos Widerstandskantate „Il canto sospeso" erklangen: Der bayerische Ministerpräsident Edmund Stoiber empfand diese Musik als unpassend – seine Kritik wurde damals deutschlandweit in der Presse kommentiert.

Im Herbst 1998 kam Helmut Lachenmann, Nono-Schüler und Siemenspreisträger des Vorjahrs, zu einem Konzert mit seinem noch immer fulminanten Gitarrenduo „Salut für Caudwell" (1977) nach München. Ein Ereignis, so möchte man meinen. Schließlich werden Auftritte von Literatur-Nobelpreis-Trägern in München auch immer mit gespannter Aufmerksamkeit verfolgt. Das Lachenmann-Konzert aber fand ohne Presserummel statt, abseits der großen Konzertsäle, in einem Nebenraum im Haus der Kunst, vor nicht einmal 100 Zuhörern. – Solche Beispiele sind durchaus nicht zufällig, sondern symptomatisch für die Situation der modernen Kunstmusik. Ihre Zeit, so will es scheinen, ist unwiederbringlich vorbei, und deshalb wird immer wieder und gerade aus der Ecke der Pop-Apologeten der Tod der Klassik verkündet.

Färbt nun, so möchte man sogleich und provokant fragen, dieses allgemein verbreitete Desinteresse an der modernen Musik nicht auch auf den Siemens Musikpreis ab? Denn schließlich erhielten bevorzugt Komponisten den Preis: György Kurtág (1998), Helmut Lachenmann (1997), Harrison Birtwistle (1995), György Ligeti (1993), Heinz Holliger (1991), Hans Werner Henze (1990), Luciano Berio (1989), Karlheinz Stockhausen (1986), Witold Lutosławski (1983), Elliott Carter (1981), Pierre Boulez (1979), Olivier Messiaen (1975) und Benjamin Britten (1974). Knapp über die Hälfte der fünfundzwanzig bisher (Dezember 1998) Ausgezeichneten sind Komponisten, die in der Überzahl sogar als besonders publikumsfeindlich zu gelten hätten – zumindest aus kunstkonservativer Sicht. Weniger im Rampenlicht, aber vielleicht sogar noch wichtiger, weil zukunftsträchtiger, die seit 1990 vergebenen Förderpreise für junge Komponisten: Bonnet, Mahnkopf, Eggert, Sotelo – hier soll der Schnelldurchlauf der Nachnamen genügen –, Nickel, Saunders, Hurel, Kühr, Francesconi, Dalbavie, Bose, Fómina, Vir, Mason, Furrer, Willi, Jarrell, Lopez. (Nur am Rande: Zwar hat bisher noch keine Frau den Siemenspreis erhalten, aber unter den FörderpreisträgerInnen finden sich doch immerhin zwei Komponistinnen.

Immerhin – auch ein Indiz für einen gewissen gesellschaftlichen Wandel.) Nimmt man noch etliche, sich in der letzten Zeit ebenfalls häufende Zuwendungen an Ensembles für neue Musik hinzu, dann kann niemand übersehen, daß sich der Siemenspreis immer nachhaltiger für die zeitgenössische Musik, für die Musik des Hier und Heute engagiert. Allein schon deshalb kein Wunder: Schließlich gehören zum Kuratorium der Stiftung vorwiegend leidenschaftliche Verteidiger der neuen Musik: Paul Sacher, Pierre Boulez, Wolfgang Rihm, Cristóbal Halffter, Hermann Danuser.

Sicherlich wurde dieser Hang zu künstlerischen Extremgestalten durch die Wahl von weltweit geachteten Interpreten wie Maurizio Pollini (1996) und Claudio Abbado (1994) ein wenig zu jener imaginären Mitte hin korrigiert, deren vermeintlicher Verlust von Kritikern der Moderne allzu leichtfertig beklagt wird. (Hat diese Mitte tatsächlich je existiert?) Aber der Anschein täuscht. So feierten und feiern Pollini und Abbado zwar mit Chopin und Verdi, mit Tschaikowsky und Beethoven Triumphe. Aber beide setzen sich nach wie vor stark für die Moderne ein – im Gegensatz zu den allermeisten ihrer Musiker-Star-Kollegen, deren Musikgeschmack bedauerlicherweise mit der Tonalität endet, und die allenfalls gelegentlich einen Ausflug in die Moderne und dann oft zu zweifelhaft retrospektiven Werken wagen. Luigi Nono ist dabei für Pollini/Abbado ein wichtiger ästhetischer Angelpunkt – der eine politische (linke) Haltung zumindest impliziert. Auch dies nicht unbedingt eine Selbstverständlichkeit unter Musikern.

Um die Frage zu wiederholen: Stellt sich die Jury des Ernst von Siemens Musikpreises nicht selbst ins Abseits, indem sie Komponisten und Interpreten einer allen Anzeichen nach abseitigen und historisch angeblich erledigten Musikrichtung auszeichnet? Natürlich tut sie das – und glücklicherweise.

Wäre klassische Musik nichts anderes als jene Kulinarik für ältere Menschen, für die man sie angesichts eines meist abgeklärt bis langweiligen Musikbetriebs sehr leicht halten kann – dann wäre jeder auf sie verschwendete Feuilletonartikel, jedes Gespräch unter geistreichen Menschen und jede Subvention überflüssig und sinnlos. Zu diesem logischen Schluß sind die Verteidiger des Pop natürlich schon längst gekommen – und verkennen dabei einen ganz entscheidenden Aspekt dieser Musik.

Denn Klassik ist sehr viel mehr als jene Unterhaltung der Oberschicht, mit der sie den Großteil ihrer tausendjährigen Geschichte zugebracht hat. Denn spätestens seit Beethoven hat sich Klassik gewandelt in Richtung auf Individualismus, Maßlosigkeit, Anarchismus, Anspruch, Widerspruch, Mehrdeutigkeit, Innovation, Rebellion. Meist setzt diese Musik nicht einmal Wissen oder Ausbildung voraus, um ihr sinnvoll begegnen zu können. Sondern vielmehr Charakter, Neugierde, Risikofreude, eigene Meinung und Mut zum Hinterfragen und Infragestellen des eigenen Ichs. Nicht gerade populäre Tugenden. Klassische Musik in ihrer Sperrigkeit sucht und formt ein Publikum, das sich überfordern und existentiell verunsichern läßt, das sich auf das So-noch-nicht-Gedachte einläßt, das

Toleranz dem Anderen und Unbekannten gegenüber aufbringt, das sich beim Hören verändert, eigene Positionen korrigiert oder gar aufgibt. Eigenschaften, die weit über das angeblich so abstrakte Reich der Töne hinausweisen. Wie auch sonst sollte man Ludwig van Beethovens „Große Fuge", Helmut Lachenmanns „Mouvement (– vor der Erstarrung)", Karlheinz Stockhausens „Gruppen für Orchester" oder Guillaume Dufays „Nuper rosarum flores" mit Genuß und geistigem Gewinn ertragen können?

Das ist natürlich der intellektuelle Idealfall. Die gängige kulinarische Musikpraxis zielt auf völlig anderes: auf Befriedigung statt unbequeme Neuentdeckungen. Und der Verweis darauf, daß ein Reinhard Heydrich gern und angeblich sogar passabel Geige gespielt habe, wird oft als Indiz dafür genommen, daß klassische Musik den Menschen um keinen Deut humaner und besser machen würde.

Alles verloren also? Mit solchen Argumentationen wird die Irrelevanz der Klassik und speziell der modernen Musik gern als bewiesen hingestellt, wird der Sinn von Subventionen klassischer Musik grundsätzlich in Frage gestellt. Solche Überlegungen gehen allerdings nur von gewissen ästhetisch bequemen Rezeptionsformen aus – und nicht von dem hier geschilderten Klassik-Ideal, das vermutlich viele intellektuell an Musik interessierte Fans befürworten könnten.

Klassische Musik war noch nie populär. Sie war immer eine Angelegenheit der Wenigen, der Gebildeten, der Kunstversessenen – und meist der Mächtigen. In vordemokratischen Zeiten kam es dabei zu einem Schulterschluß. Für Kirche, Adelshöfe und das Bürgertum war Kunstmusik vor aller Kunst Musik (Mittel?) zur Selbstdarstellung, war sie Identifikationshilfe. Durch die Befreiung aus ihren gesellschaftlichen Funktionen verlor die klassische Musik an Bedeutung. Das führt in Demokratien zu einem Dilemma. Noch vor einhundert Jahren konnte die Klassik ihre Bedeutung und Wichtigkeit darauf stützen, daß sie die bevorzugte und benötigte Kunst der herrschenden Klasse war. Damit ist es vorbei. Heute hat die Klassik ihr Primat eingebüßt – traditionelle Musik, Jazz, Rock, Pop, Schlager und Crossover haben ihr schon längst den Rang abgelaufen. Die alte aristokratische Rolle ist dahin, und es wäre auch alles andere als sinnvoll, sie in einer Demokratie aufrechtzuerhalten.

Das scheinen bis auf die klassischen Musiker und ihre Anhänger auch alle gemerkt zu haben. Allein schon deshalb muß diese Enklave des schönen und zugleich wilden Klangs verteidigt werden, muß auf ihre Bedeutung hingewiesen werden, auf ihre Erotik, Chancen und ungewöhnlichen Erfahrungshorizonte. Das muß im Alltag geschehen – aber auch von prominenter Stelle. Hier leistet der Ernst von Siemens Musikpreis der neuen Musik seinen größten Dienst. Denn an dieser Preisverleihung geht keine Zeitung, Rundfunk- oder Fernsehanstalt vorbei: Sie gehört zu den prominenten Pflichtterminen des Kulturjournalismus und schafft eines der wenigen Ereignisse, durch die moderne Musik ausnahmsweise auch einem breiten Publikum zumindest schlaglichtartig vermittelt wird. Wichtig, daß der Ernst von Siemens Musikpreis nun seit neuestem auf Gestalten wie Birtwistle, Lachenmann und Kurtág hinweist, deren Bedeutung weit über ihrer Bekanntheit liegt. Dies ist in den letzten Jahren vielleicht das größte Verdienst dieses Preises: aufmerksam zu machen auf heute relevante Künstler, die zu Unrecht im Schatten stehen von eingängiger komponierenden Kollegen wie Minimalisten oder Vertreter der neuen Tonalität.

Zum Abschluß sei gefragt: Warum dieser Rummel um die moderne Musik? Genügen uns nicht die großen Klassiker? Die Antwort muß, von höchstem Respekt vor diesen Meistern geprägt, natürlich „nein" lauten. Denn Lachenmann, Kurtág und Birtwistle sind uns (nicht nur zeitlich) näher als Beethoven, Mozart und Haydn. Was wie ein Qualitätsurteil klingen mag, ist natürlich keines, sondern historische Banalität. Von der Musik Haydns, Mozarts, Beethovens trifft uns in der Seele nur das, was mit unserer Wirklichkeitserfahrung übereinstimmt, was heute mögliche Sehnsüchte freisetzt. Bei Kurtág, Lachenmann, Birtwistle erleben wir naturgemäß sehr viel mehr solcher Momente – schließlich sind sie unsere Zeitgenossen: Menschen, die ähnliche Erfahrungen durchleben wie wir. Das wird nicht immer besonders angenehm sein und schon gar nicht exotisch oder harmlos unterhaltsam. Denn allzu aus den Fugen geraten dröhnt diese schöne neue Welt, und daß die apokalyptische Erfahrung von Kriegen, verhungernden Menschen und sozialer Ungerechtigkeit in den Partituren lebender Komponisten widerhallen, sollte niemanden wundern.

Auch daß die sich nach und nach in virtuelle Realitäten verabschiedende Welt immer komplizierter geworden ist, kann nicht übersehen werden. Das „Alle- psalite cum -luya" aus dem Codex Montpellier, der Sumer-Kanon, die Canzonetta aus Felix Mendelssohn-Bartholdys Es-Dur-Quartett: Das mögen noch immer hinreißende Musikstücke sein. Aber wenn ein Komponist heute derart unbeschwert dahinschriebe, würde er sich dem Verdacht naiver Weltflucht aussetzen. Und die hat in der Klassik zur Zeit keinen Platz, weil sie längst von den Vertretern spirituell-kontemplativer Stile (Scelsi, Feldman...) abgelöst wurde.

Der Ernst von Siemens Musikpreis weist mutig auf die „andere" Musik hin, die ein komplexes und deshalb aktuelles Menschen- und Weltbild fordert und propagiert. Das gelang auch wieder mit der Wahl des Arditti String Quartets als Preisträger für das Jahr 1999: Kaum ein Ensemble steht so dezidiert für die Entdeckung des musikalisch völlig Neuen wie dieses englische Meisterquartett. Im Mut zu solchen Entscheidungen liegt der Sinn dieses Preises – mögen sich die Kuratoren auf diesem steinigen Weg auch in Zukunft nicht beirren lassen.

Reinhard J. Brembeck

Claudio Abbado

Laudatio von Ulrich Eckhardt

gehalten am 6. Juni 1994
im Kammermusiksaal der Philharmonie
in Berlin

Claudio Abbado – der Freund

Der heute Geehrte ist ein Meister der Freundschaft; sie ist ihm wichtiger als Karriere. Mit Inspiration und Kompetenz, Energie und Gradlinigkeit, Disziplin und Fleiß, seiner Sache sicher und beharrlich, ist er auf dem Weg zum Gipfel – und doch bedeutet ihm das weniger als Freundschaft, Vertrauen und respektvoller Umgang miteinander.

Organisch läßt er seine Arbeit wachsen. Seine Person widerspricht gängigen Klischees vom Pultstar. Wie selbstverständlich kommt der Erfolg auf ihn zu. Der Weg ist sein Ziel. „Wanderer, Deine Spuren sind der Weg, sonst nichts; Wanderer, es gibt keinen Weg, Weg entsteht im Gehen. Im Gehen entsteht der Weg, und Du schaust zurück, siehst Du den Pfad, den Du nie mehr betreten kannst. Wanderer, es gibt keinen Weg, nur eine Kielspur im Meer." Caminantes…, Worte des spanischen Dichters Antonio Machado, überliefert durch Luigi Nono im „Prometeo". Der Name des großen Freundes ist ein Schlüssel zur Beschreibung der Person. Der Einfluß des Komponisten auf den Dirigenten ist evident.

Claudio Abbado – der Europäer

Stationen eines erfüllten Lebens im Zenith

1933 Geboren in Milano
1950 Konservatorium Milano
1956 In Wien bei Webern-Schüler Swarowsky
1960 Debut Scala Milano
1964 In Berlin bei „RIAS stellt vor" mit dem RSO, Einladung Karajans nach Salzburg
1965 In Salzburg – Wiener Philharmoniker
1966 Berliner Philharmonisches Orchester
London Symphony Orchestra
1968 Hauptdirigent des Scala-Orchesters in Milano
Debut Covent Garden London
1971 Musikalischer Direktor der Scala bis 1986
1972 Deutsche Oper Berlin
1973 Principal Guest Conductor LSO
1975 Aberdeen: International Festival of Youth Orchestras
1978 European Community Youth Orchestra
1979 Chefdirigent LSO bis 1986
1986 Musikdirektor Wiener Staatsoper bis 1991
1987 Generalmusikdirektor der Stadt Wien
1988 Wien Modern
Gustav Mahler Jugendorchester
Chamber Orchestra of Europe
1989 Künstlerischer Leiter des Berliner Philharmonischen Orchesters
1991 Kompositionswettbewerb Wien
1992 Berliner Begegnungen – Kammermusiktreffen/Berliner Festwochen
1994 Künstlerische Leitung der Salzburger Osterfestspiele

„Zu-Hören gilt Claudio Abbado als höchste Tugend; Zu-Hören können, gepaart mit Geduld der Wahrnehmung, ist ihm Voraussetzung des Musik-Erlebens."

Alles begann im musikerfüllten Elternhaus des Vaters Michelangelo, dem Nachfahren maurischer Herrscher vor 900 Jahren in Sevilla, im Konversationslexikon als kriegerische Abbadiden verzeichnet, deren einer ins piemontische Alba emigrierte. Die Mutter normannisch-sizilianisch. Der bewunderte Großvater eignete sich als Archäologe, Ethnologe und Linguist zahllose alte Sprachen an und studierte Papyri und frühe Schriften auf der Suche nach den Wurzeln der europäischen Kultur.

Der lebendige Einfluß des geistigen Familienerbes, in dem mediterranes Denken vielfältig aufbewahrt erscheint, gibt dem Zeitgenossen den sicheren Grund für das Neue, für seine Entdeckerlust.

Claudio Abbado – der Zeitgenosse

Musik ist nicht voraussetzungslos; sie lebt wie jede Kunst in der Geschichtlichkeit und in gesellschaftlichen Zusammenhängen. Claudio Abbado flieht nicht aus der Gegenwart, ist sich der Notwendigkeit bewußt, Musik zu aktualisieren, sich für seine Zeit und ihre Nöte zu engagieren, als Künstler Zeichen der Humanität zu setzen. Er nutzt seine Befähigung zur

1994 Claudio Abbado

Anschauung und Beobachtung. Seine Neugier und Sensibilität halten ihn wach für alles, was sich um ihn herum und im gesellschaftlichen Kontext ereignet.

Aufgeschlossen für das Neue, für Menschen und ihre Ideen, ist er ein kreativer Grenzgänger zwischen den Kunstsparten. Er empfängt und vermittelt Anregungen aus Literatur, Film, Architektur, Bildender Kunst und Theater. Seine Opernarbeit ist durch die Mitwirkung herausragender Protagonisten des zeitgenössischen Regietheaters gekennzeichnet.

Unermüdlich erfindet und entwickelt er Anregungen und Initiativen, verführt die Lauen und Bequemen zu neuen Taten auf neuen Wegen. Er ist ein Menschenfischer. Der Inspirator will die besten Köpfe um sich scharen, sie herausfordern, mit ihnen gemeinsam nachdenken, Steine ins Wasser werfen, damit sie Kreise ziehen.

Musikgeschichte nimmt er in die Praxis auf, bemüht sich um Authentizität, interessiert sich für zu Unrecht Vergessenes, spürt verschüttete Originalfassungen auf. Er weiß durch sorgfältiges Studium des Materials alles über Komponisten und ihre Werke, ehe er an die interpretatorische Arbeit geht.

Sein Interesse an thematischen Zusammenhängen wird in der Gestaltung von Konzertprogrammen sichtbar. Die Erweiterung des Repertoires prägt auch seine entschiedene und wachsende Präsenz in der Medienlandschaft, die er, keine Einengung hinnehmend, mit kultureller Verantwortlichkeit einsetzt, um einer ausschließlich kommerziellen Orientierung zu entgehen.

Für Claudio Abbado ist es kaum vorstellbar, daß Musik der Vergangenheit und Musik der Gegenwart voneinander zu trennen wären. Wer dem zeitgenössischen Komponieren gegenüber gleichgültig ist, kann das Tradierte nicht richtig verstehen und wiedergeben. Neue Musik ist für ihn die Probe auf das Elementare des Klangs. Er ist überzeugt, daß die Musik der Vergangenheit nur durch diejenigen Musiker richtig interpretiert werden kann, denen die Musik der eigenen Zeit als Ausdruck historischer Bedingungen wichtig und unverzichtbar ist. So ist es ihm selbstverständliche Pflicht, den Nachwuchs zu fördern, ihm die Wege zu ebnen. Seit seiner kammermusikalischen Arbeit in Parma, seit seiner Begegnung mit Jugendorchestern in Aberdeen, widmet er sich beharrlich und lustvoll seinen Schützlingen im ECYO, GMJ und COE – und profitiert doch selbst von diesem Jungbrunnen.

Claudio Abbado – der Musiker

„Der Vortrag in der Musik stammt aus jenen freien Höhen, aus welchen die Tonkunst selbst herabstieg. Wo ihr droht, irdisch zu werden, hat er (der Interpret) sie zu heben und ihr zu ihrem ursprünglichen schwebenden Zustand zu verhelfen ... Der Vortragende hat die Starrheit der Zeichen wieder aufzulösen und in Bewegung zu bringen ... Musik ist ein Teil des schwingenden Weltalls ... Das musikalische Kunstwerk steht vor seinem Ertönen, und nachdem es vorübergeklungen ist, ganz und unversehrt da. Es ist zugleich in und außer der Zeit, und sein Wesen ist es, das uns eine greifbare Vorstellung des sonst unbegreifbaren Begriffs von der Idealität der Zeit geben kann." So schrieb Ferruccio Busoni am Beginn des Jahrhunderts in Berlin.

Abbado: „Je größer der Komponist, desto mehr Möglichkeiten der Deutung bietet er auch. Und dann spielt auch eine Rolle, aus welcher Kultur der Interpret kommt und welcher Zeitgeschmack virulent ist. Man sieht ja, wie ungeheuer unterschiedlich Furtwängler und Toscanini, Kleiber oder Bruno Walter eine Beethoven-Sinfonie interpretiert haben. Und heute macht man's wieder anders."

Zitat aus einem Interview in Die Welt, 3. Juli 1995

„Es stimmt nicht, daß sich gerade die reichsten Länder am meisten für die Kultur engagieren. Tatsächlich ist es so, daß die Nationen, die am meisten in die Entwicklung von Kultur investieren, als Folge daraus auch Reichtum produzieren. Es ist auffallend, daß gerade Länder wie Österreich, Japan und Deutschland, die den Krieg verloren haben und somit nicht in Waffen investieren konnten, Kunst und Kultur gefördert haben. Leider denken die meisten das Gegenteil: Daß es der Reichtum sei, der der Kultur erlaube zu wachsen und sich auszubreiten, so als handele es sich um ein Luxusobjekt oder ein Statussymbol."

Abbado im Gespräch mit Frederik Hanssen, Tagesspiegel, 1. Januar 1998

Musik gilt als Kunst der Zeit, des Augenblicks, des Wimpernschlags, des Werdens und Vergehens, der Geburt und des Todes, des Aufglühens und Verlöschens. Wie das Sprechen aus dem Schweigen entsteht, das Leben aus dem Tod, so kommt der Klang aus der Stille.

Zu-Hören gilt Abbado als höchste Tugend; Zu-Hören können, gepaart mit Geduld der Wahrnehmung, ist ihm Voraussetzung des Musik-Erlebens. Hören, was Worte nicht sagen – Hören, was aus den inneren Stimmen von ferne, aus der Tiefe auftaucht – Hören mit dem dritten Ohr – wo Schweigen offenbart und Sprechen verbirgt. „Ascolta" heißt es in Nonos „Prometeo", als Botschaft und Aufforderung zur Humanität; und für den durchdringendsten Schrei verwendet er die extrem gesteigerte Form des vierfachen Pianissimo. Auch für Claudio Abbado ist das Pianissimo im Orchesterklang, der Übergang zur Stille, höchste Erfüllung seiner musikalischen Vorstellung.

Hören und Denken, Zu-Hören und Nach-Denken, gehen eine wache Verbindung ein. Zwischen Intellekt und Empfindung, zwischen Kalkül und Emotion, zwischen Phantasie und Präzision hält Claudio Abbado ein sensibles Gleichgewicht.

Wenn er musiziert, gibt es keine Nebensächlichkeiten. Innerhalb des großen Ganzen, über dem sich der Bogen der Form wölbt, entscheiden die Nuancen, die Feinheiten des Details über den geistigen Rang. Ausgeprägt ist sein Sinn für Proportionen als strengster und empfindlichster Forderung innerhalb der Gestalt. Intensität wird ohne Gewalttätigkeit hergestellt.

Gefühl stammt aus der Intelligenz und wirkt in der Ökonomie der Mittel und des Stils, der vor Sentimentalität und Rührseligkeit, vor falschen Rubati schützt – mediterranes Erbe. Das heißt keineswegs Schönklang, sondern Wahrheit, mit Diskretion verdeutlicht, die aufgerauhten, vehementen, aber schlanken, spannungsgeladenen Klang als Sprache verwendet: Schönheit ohne Beschönigung. Musik wird zum humanen Ausdruck. Diese menschenfreundliche Musikübung verschließt sich nicht hermetisch, sondern öffnet sich weit zum Hörer hin, den großen Gefühlen nichts schuldig bleibend, ihm Ergriffenheit nicht vorenthaltend.

Claudio Abbado – der Dirigent

Als behutsamer Sachwalter motiviert der Dirigent Claudio Abbado die ihm anvertrauten, sich ihm anvertrauenden Orchestermitglieder durch Kollegialität; denn seine Autorität erweist sich in der Sache, ohne persönliche Eitelkeit. Er praktiziert als Dirigent einen Stil antiautoritären, demokratischen Musizierens. Für ihn ist Musik eine Sprache für Menschen in einer offenen, emanzipierten Gesellschaft, und er ist überzeugt von der Notwendigkeit der Freiheit des einzelnen, gepaart mit dem wechselseitigen Respekt vor der Würde und Leistung des anderen.

Er hat ein natürlich-organisches Gespür für die Psychologie des gemeinsamen Musizierens im Orchester. Er läßt wachsen ohne Druck, ohne Eile, ohne Hektik. Ohne Zwang geschieht die behutsame Annäherung an das gemeinsame Werk. Die Psychologie des dritten Ohrs bewirkt die kollektive Anstrengung aus der Verantwortung und Überzeugung des Individuums.

Abbado: „Es ist heute doch genauso wie damals nach dem Krieg. Da hat man geschrieben: Bartók ist ein Barbar, der macht nur schreckliche Geräusche. Ich erinnere mich noch genau, daß Toscanini nicht einverstanden war, als Bartóks „Konzert für Orchester" aufgeführt wurde. „Das verstehe ich nicht, das ist nicht mehr meine Musik", hat er gesagt. Das war Anfang 1950 – und heute ist Bartók ein Klassiker. Man muß eben erkennen, welches die großen Komponisten sind. Für mich sind die wichtigsten: Ligeti, Kurtág, Boulez und Luigi Nono."

Auszug aus einem Interview in Die Welt, 3. Juli 1995

Die Gebärdensprache des Dirigenten Abbado, der mit wachen Augen die Verbindung zu den Musikern hält, zeigt deutlich, wie ernst es ihm mit der Wahrhaftigkeit der Empfindungen ist. Er ist glaubwürdig, weil er Musik lebt, in sich trägt, nicht vor sich herträgt.

Er dirigiert, als halte er ein sehr zerbrechliches Gefäß in Händen. Das Dirigentenpodium als Arbeitsplatz ist ihm keine Kanzel, kein Katheder, kein Kommandostand und schon gar kein Kampfring. Hier soll nichts in Szene gesetzt werden, vor allem nicht der Interpret. Hier soll nicht die Täuschung erzeugt werden, als beginne erst hier und jetzt die Existenz der Musik. Eher soll das Publikum assoziieren, die Musik sei immer schon da und werde am Ende weiter da sein. So beginnt er, ein kleines Stäbchen aus dem Ärmel zaubernd, einschwingend wie von ungefähr, ganz absichtslos, als wolle er die Musik aus der vorgestellten Unendlichkeit hereinholen.

„Er dirigiert, als halte er ein sehr zerbrechliches Gefäß in Händen…"

Zielstrebig aus Wissen und Intuition, steuert er im Werk die Knotenpunkte an, wo die Elemente der Erfindung und Form kulminieren, wo sich schließlich das Unerhörte ereignet, wo der Fluß der Musik unverhofft anhält, sich das Fenster in die Zukunft öffnet, die Kühnheiten der Komposition aufscheinen, der Blick sich weitet.

Und am Schluß tritt kein Triumphator oder Priester ab, sondern ein Diener oder Mittler, der die Erschöpfung nicht verbirgt, wenn er sich verausgabt hat.

Claudio Abbado – der Berliner

Zur Erinnerung Daten des Neuanfangs und der Veränderung im Jahre 1989:

- 8. 10. Wahl zum Künstlerischen Leiter des BPhO
- 9. 10. Montags-Demonstration in Leipzig
- 4. 11. Demonstration auf dem Alexanderplatz mit 1 Million Teilnehmern
- 9. 11. Öffnung der DDR-Grenze
- 12. 11. Am Potsdamer Platz in Sichtweite der Philharmonie wird ein Mauerdurchbruch als Grenzübergang geschaffen Sonderkonzert des Berliner Philharmonischen Orchesters
- 7. 12. Der „Runde Tisch" wird konstituiert Claudio Abbado tritt in Berlin vor die Presse und dirigiert am
- 16. 12. Eine Offene Generalprobe für die neuen Mitbürger

Im Stadium der Reife hat sich Claudio Abbado der Stadt Berlin verpflichtet. Nach reichen internationalen Erfahrungen hat er mit dem Berliner Philharmonischen Orchester seinen zutreffenden Wirkungsort und seine ideale Partnerschaft gefunden. Die Verbindung zu Berlin begann vor genau 30 Jahren, und sie erfüllt sich jetzt an der Schwelle zu einer neuen Epoche in der Geschichte der Stadt.

Hier in Berlin findet er die Offenheit für Gegenwart und Zukunft in geschichtsträchtiger Inspiration und im politischen Kontext, den richtigen Ort für einen nachdenklichen Musiker. Hier wird er angeregt durch harte Realität ebenso wie durch die Synthese west-östlichen dialogischen Denkens und Empfindens, gewiß nicht ohne Folgen für künftige Interpretationen.

Das Pathos der Nüchternheit, die Härte der Fragen, die Zuhören verlangen, die Zuwendung aus Distanz und Respekt vor dem Anderen, vor dem Anderssein, die Genauigkeit in Phantasie und Wahrnehmung, die den Ort als Menschenwerkstatt kennzeichnen, die Lust auf das Neue, die der Ort verlangt, entsprechen dem Wesen und Wirken des Musikers Claudio Abbado, den wir heute ehren am Beginn eines neuen Lebensabschnitts.

Ein anderer Berliner aus Italien, der vor 100 Jahren seine erste Wohnung – nur einen kurzen Fußweg vom Ludwigkirchplatz entfernt – in der Kantstraße bezog und in den legendären zwanziger Jahren zu einem geistigen Mittelpunkt mit großer Ausstrahlung nach Ost und West wurde, der von dem unaufhörlichen Werden dieser Stadt geprägt wurde, war – Ferruccio Busoni. (Er entwickelte mit dem BPhO maßstabsetzende, denkwürdige, avantgardistische, innovative Konzertprogramme.) Er schrieb – und dies sei das Schlußwort: „Jeder Tag beginnt anders als der vorige und doch immer mit einer Morgenröte."

Dankesworte von Claudio Abbado

Die Nachricht, daß mir die Siemens Stiftung diesen Preis verliehen hat, kam für mich ganz überraschend und bedeutet für mich eine sehr große Ehre. Etwas von dem, was ich sagen möchte, hat Ulrich Eckhardt in seiner Laudatio schon vorweggenommen und sehr schön formuliert: wie wichtig in unserem Leben die Freundschaft ist.

Ich habe das große Glück, daß ich in meinem Beruf genau das machen kann, was ich mit ganzer Seele machen will: Musik – und darüber hinaus, daß ich diese Musik immer zusammen mit Freunden machen kann, mit Sängern, mit Instrumental-Solisten und vor allem mit den Orchestermusikern. Ohne sie, ohne ihren Einsatz und ihren Enthusiasmus, ohne die Inspiration, die sie mir immer wieder geben, könnte ich heute nicht hier stehen und diesen Preis entgegennehmen.

Ich habe einige von meinen Berliner Freunden gebeten, den ersten Satz aus dem Schubert-Streichquintett zu spielen, weil das zweite Thema für mich der schönste musikalische Ausdruck der Freundschaft ist, die uns verbindet.

Zum Abschluß möchte ich ein Wort von Albert Einstein zitieren. Er schrieb an einen Freund, daß er seinen Weltruhm nicht fassen könne:

„Ich werde nämlich mit der Berühmtheit immer dümmer, was ja eine ganz gewöhnliche Erscheinung ist. Das Mißverhältnis zwischen dem, was man ist, und dem, was die anderen von einem glauben, oder wenigstens sagen, ist gar zu groß. Man muß es aber mit Humor tragen…"

„Ich habe das große Glück, daß ich in meinem Beruf genau das machen kann, was ich mit ganzer Seele machen will: Musik…"

1994 Claudio Abbado

Text der Verleihungsurkunde

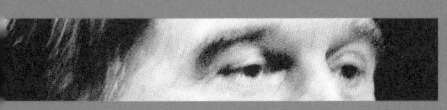

Die Ernst von Siemens Stiftung verleiht
Claudio Abbado
den Ernst von Siemens Musikpreis

Der Preis ehrt einen Dirigenten von Weltruf, der für die Interpretation überlieferter Musikwerke ebenso wie für die Aufführung zeitgenössischer Kompositionen aufregende Zeichen höchsten Ranges setzt. In seinen gleichermaßen analytischen wie klangsinnlichen Wiedergaben macht er deutlich, wie sich das Tradierte aus der Arbeit an moderner Musik sinnvoll erschließen läßt. Seine besondere Zuneigung und Zuwendung gilt der Förderung junger Musiker, Interpreten wie Komponisten. Seit langem stellt er sich engagiert in den Dienst einer höchst effektiven Nachwuchsförderung. In Berlin und mit dem Berliner Philharmonischen Orchester hat der Musiker Claudio Abbado nach reichen internationalen Erfahrungen einen Wirkungsort gefunden, an dem er einen entscheidenden Beitrag zur Musikkultur unserer Tage und deren produktiver Qualität leisten kann.

Berlin, 6. Juni 1994
Stiftungsrat und Kuratorium

Biographie

1933
am 26. Juni geboren in Mailand
Klavier-, Cello- und Orgelunterricht
Studium am Conservatorio in Mailand

1953
Diplom für Klavier bei Enzo Calace

1955
Diplom für Komposition bei Bruno Bettinelli

1956–1957
Akademie für Musik und darstellende Kunst in Wien
Dirigieren bei Hans Swarowsky

1958
Debut als Dirigent am Opernhaus Triest

1960
Dirigenten-Debut an der Mailänder Scala

1961–1963
Lehrer für Kammermusik am Konservatorium in Parma

1963
Sieger des Dimitri-Mitropoulos-Dirigentenwettbewerbs in New York, danach ein Jahr lang Assistent bei Leonard Bernstein in New York

1965
internationaler künstlerischer Durchbruch als Dirigent der Wiener Philharmoniker

1966
Gastdirigent bei den Festspielen in Edinburgh, Prag, Salzburg, Venedig, Luzern

1966–1989
Gastdirigent der Berliner Philharmoniker

1968–1982
Chefdirigent der Mailänder Scala
(seit 1969 Musikdirektor)

1971–
Hauptdirigent der Wiener Philharmoniker

1972–1979
Erster Gastdirigent des London Symphony Orchestra

1978
Leiter des European Community Youth Orchestra

1983–1988
Musikdirektor des London Symphony Orchestra

seit 1982
Erster Gastdirigent des Chicago Symphony Orchestra

1984–1986
Erneut Musikdirektor der Mailänder Scala

1986
Gründer und Chefdirigent des „Gustav Mahler Jugendorchesters" in Wien

1986–1991
Musikdirektor der Wiener Staatsoper

1987
Generalmusikdirektor der Bundeshauptstadt Wien

1987
Gründer und Leiter des Festivals „Wien modern"

1990
Chefdirigent und künstlerischer Leiter der Berliner Philharmoniker

seit 1994
Künstlerischer Leiter der Salzburger Osterfestspiele

Harrison Birtwistle

Sir Harrison Birtwistle

Laudatio von Tom Phillips

gehalten am 2. Mai 1995
im Prinzregententheater
in München

As once in Athens/Alcibiades arrived
in drunken company/to sing of Socrates
so I in Munich/but with mundane sobriety
must order the masque/of Orpheus Britannicus
Harrison Birtwistle/Accrington born
on whom you have lavished/
your hardiest laurels.

The ephemeral are feted/favored with medals
tenors are trumpeted/the media adore divas
praise mere players too highly/
prefer the interpreter:
as fashion shadows/the fleeting show
performers are rewarded/conductors caressed
as if raising batons/made music happen:
fame shuns the most needed/furnisher of notes
the maker uncourted/by magazine cover
the vital provider/of our own age's voice
magus and shaman/sculptor of sound
shaping rare theatre/out of thin air

Thus I first praise a prize/
which turned from that trend
to honour prime movers/true princes of music
beginning with masters/Britten and Messiaen.

As did Alcibiades/for the gathered Athenians
I paint my rough portrait/
with rash comparisons
not hidden in music's/high house of memory
but culled from a culture/much larger than art
from the wings of its stage/and the wider story
commencing with cricket/the great game itself
the Rite of Summer/Ring Cycle of sport
the Book of Changes/charmed into being
by legends in white/grave epic on grass
so I feature not Boulez/or Berio even
but Boycott rather/another great Northman
stubborn crafter of innings/
staying long at the crease
my friend Harry reflected/in phlegmatic resolve
or in Botham's bravura/the arrogant batting
like riding a rhythm/with huge swipes of sound
and the gusto of bowling/with brazen guile:

Cricket is strategy/simmering crisis
a single act seen/in a million mirrors
minute variations/on a vanishing moment
but painting stands still/triumphs over time

Not Purcell now or Puccini/
but Piero unparalleled
painstaking geometer/master of closed mouths
and the mute coloured silence/
where music occurs
or Pollock creating/on cliff-edge of chaos
his ever extending/webbed walls of paint
antennae that quiver/
with music's own questions
or Rothko rehearsing/like a velvet Feldman
in sombre blocks/the dark sound's decay;
the same sources used/same furrows followed
invoking Vermeer/veiled labours of love
mathematics and quest/
the myth and the query:

as the dumb muse homes in/
on the mind's hidden places
in metamorphosis/of landscape and light
Harry's pencil makes live/
on familiar lined paper
correlative noises/not concocted from knots
of rigid procedure/or ignorant system
but brave intuition/the builder's skill
the thumb and the number/feel of the form
the cabbalist measure/
that made our cathedrals:

So we travel his vision/
in the train of our thought
and alight at a village/to visit his likeness:
see the pivotal green/the pitch at the centre
where champions battle/with bat and ball;
chivalric in sunlight/white celebrants cast
long boundary shadows/to lead us beyond

to the church on its haunches/settled in stone
rooted on runes/Enter its emptiness:
No filigree here/of repetitive pattern
but mass and gravity/matter of factness
until looking upwards/where lofted lines soar
and the sprung buttress meets/
its fellow in heaven
see chased in the vaulted/and chiselled leaves
Gog and Magog/Green Man and giant
the cup and the fire/and the Fisher King
rough music of rustics/fife drum and fiddle
death's head and soul-ship/dragon and star:
a last roof-boss boasting/
the Birtwistle features
face from a fairing/Punch on a jug
yet mask of a thinker/maker of things
sternal in England/anonymous mason
carver of mysteries/artisan of shrines:

„Ich hatte nie irgendwelche Probleme mit Musik, und ich weiß gar nicht, wo es Probleme gibt. Für mich ist Musik generell faszinierend und mysteriös, ein großer Teil allerdings auch sehr langweilig. Doch komponiere ich nicht, um damit die Probleme anderer zu lösen."
Sir Harrison Birtwistle

Then pass through his arch /
see the hilly horizon
where stark pylons stride / and pale cooling towers loom
like jars made by giants / pots thrown by Kong:
then looking beneath them /
over broad moorland
see trees bunch and bend / revealing a river;

There wading in water / the glad angler stands
seeking fish with a fiction / as dry flies deceive;
concentration is fixed / his focus consumed
by one sole coordinate / small corner of silence
where freedom is caught / the future composed;
all shrunk to a nothing / a shimmering zero
and held in the zen / at the end of the line.

Look nearer now / past latticed pasture
containing in shelter / the well-counted sheep:
a broad-shouldered figure / outlined before them
who bends for a boulder / picked from a pile
of odd possibilities / chance and choice
begins to build upwards / with unhurried hands
starts on his hundredth / dry stone wall
inspecting each shape / to find its fit place
heaps one on another / the way his hand knows
finds each empty spot / its own special stone
each heavy stone's / inevitable home:
this ruminative task / of rural toil
denies short shrift / shuts out dishonesty;
weak pebbles wobble /
loved stones alone will stay
cement of expedience / convenient glue
will never help hold it / weight craving weight
a stubborn paradox / of porous rock
with well-planted slabs / all settled to last
a monument of holes / gales moan in its gaps
and whisper the song / of the strong white wall:
the strained worker stretches / turns to his rest.

And far off in Athens / Alcibiades sits
his symposium speech / delivered and done
the praise song presented / long poem of love
and his friend forgives him /
such simple examples
summoned in tribute /
to music's transcendence;
for the quest that seemed destined /
to fly to far havens
waywardly wanders / in circles and cycles
and heads at its ending / the whole way home
to the shield of his family / fashioned with Sheila
loyal in comfort / lifelong companion
to the father of sons / and his vowed vocation
that the artist must have /
whose heart is on voyage
afraid of the void / yet destined to enter
wandering dazed / in Dante's dark wood
where Pan is not dead / nor the dog-headed god
nor the psychopomp passed /
in his endless parade
where the monster surrenders /
the girl with a pearl
and a knight rides alone /
to a tryst with his sister
and another to murder his brother /
bends westward
while lost in the leafage /
the green man grins on
as Punch meets the policeman /
and the god plies his lyre
his elegy lost / on the listening stones.

Before death's boat descends /
and the head wails in water
we will hear the sea's story /
under doubling suns;
learn all was a love song / hymn of the heart
the rehearsal of earthdom / vast dance of stars.

Wie einst in Athen / das Alkibiades besuchte
in trunkener Gesellschaft /
zu singen von Sokrates
so ich nun in München / aber weltlich-nüchtern
zu bestellen habe das Maskenspiel /
des Orpheus Britannicus
Harrison Birtwistle / geboren zu Accrington
den Sie überschüttet haben /
mit unerschrockenstem Lob.

Eintagsfliegen werden gefeiert /
mit Medaillen überhäuft:
Tenöre bekommen Fanfaren geblasen /
den Diven liegen die Medien zu Füßen
sie feiern die Akteure über Gebühr /
ziehen den Interpreten vor
da Modisches überschattet / die flüchtige Show
Darsteller heimsen den Ruhm ein /
Dirigenten werden gebauchpinselt
machen etwa erhobene Dirigentenstäbe /
die Musik zum Ereignis?
Ruhm meidet den dringendst nötigen /
Urheber der Noten
der Schöpfer unumworben / von Titelblättern
der kraftvolle Lieferant /
der Stimme des Zeitalters
Magus und Schamane / Bildhauer des Tons
seltenes Theater schöpfend / aus dünnem Äther.

„Als er von der Siemens-Preisverleihung erfuhr und die Liste seiner Vorgänger in Händen hielt, sei er doch ein wenig irritiert gewesen angesichts von Namen wie Henze, Boulez, Stockhausen, Messiaen, Abbado, Bernstein oder Karajan. Er wolle ja nicht bestreiten, sagt er, daß er in gewisser Weise in seinem Land zu den etablierten Künstlern gehöre, seit man ihn zum „Sir" ernannt habe, obwohl es für ihn eine schwere Entscheidung gewesen sei, den Titel nicht abzulehnen. Aber die Siemens-Preisträger-Liste lese sich wie eine Versammlung des musikalischen Establishments. Und dem habe er sich eigentlich nie zugehörig gefühlt."

Claus Spahn,
Süddeutsche Zeitung,
2. Mai 1995

Heinz Friedrich, der damalige Präsident der Bayerischen Akademie der Schönen Künste, überreicht Sir Harrison Birtwistle die Verleihungsurkunde.

Also besinge ich zunächst einen Preis/
der diesem Trend widerstrebt
zu ehren den Pionier/
den echten Fürsten der Musik
beginnend mit Meistern/
wie Britten und Messiaen

Wie Alkibiades/für die versammelten Athener
Zeichne ich eine grobe Skizze/
mit raschen Vergleichen
nicht versteckt in Musicas/
Haus der Erinnerung
sondern ausgelesen aus einer Zivilisation/
größer als Kunst
von den Seitenkulissen der Bühne/
die umfassendere Geschichte
beginnend mit Kricket/
dem großen Spiele daselbst
dem Ritus des Sommers/
Ring-Zyklus des Sports
dem Buch der Wandlungen/
ins Leben gezaubert
durch Legenden in Weiß/
feierliche Epen auf Gras
so erwähne ich nicht Boulez/
ja nicht einmal Berio
sondern eher Boycott/
einen anderen großen Nordmann
eigensinniger Bildner der *Innings*/
lange sich an der *Crease* haltend
mein Freund Harry gespiegelt/
in phlegmatischer Entschlossenheit
oder in Bothams Bravourstück/
arrogantes Schlagen
wie auf dem Rhythmus reitend/
mit harten Schlägen des Tons
und die Begeisterung des Bowlings/
mit unverfrorener Tücke:

Kricket ist Strategie/gärende Krisis
ein einziger Akt wiedergegeben/
in Millionen Spiegeln
kaum wahrnehmbare Variationen/
über einen flüchtigen Augenblick
doch die Malerei steht still/
triumphiert über die Zeit
Nicht Purcell jetzt oder Puccini/
sondern Piero beispielloser
gewissenhafter Geometer/
Meister der geschlossenen Münder
und der farbenprächtigen Stille/
wo Musik vorkommt
und Pollock schöpferisch wirkend/
am Rande des Chaos
seine endlos sich ausdehnenden/
gewebten Wände aus Farbe
Antennen die zittern/
vor der Musik ureigenen Fragen

oder Rothko bei der Probe/
wie ein samtener Feldman
in düsteren Blöcken/des dunklen Tons Zerfall;
dieselben Quellen benutzt/
denselben Furchen gefolgt
Vermeer beschwörend/verhüllte Liebesdienste
Rechenkünste und Suche/
der Mythos und die Frage:
während stumme Muse automatisch/
des Geistes versteckte Gefilde ansteuert
in Metamorphosen/von Landschaft und Licht
Harrys Stift Leben erschafft/
auf vertraut-liniertem Papier
korrelative Geräusche/
nicht ausgeheckt aus Verknotungen
erstarrter Regeln/oder ignoranter Systeme
sondern kühne Intuition/
des Schöpfers Fertigkeit
Daumen und Zahl/Gefühl für die Form
kabbalistisches Maß/
aus dem unsere Kathedralen sind:

„…mein Freund Harry gespiegelt/in phlegmatischer Entschlossenheit…" aus der Laudatio von Tom Phillips

Also bereisen wir seine Vision/
im Zug unserer Gedanken
und steigen aus in einem Dorf/
zu besuchen sein Abbild:
schau das Schlüssel-Grün/
der Platz im Zentrum
wo die Koryphäen wettstreiten/
mit Schlagholz und Ball;
ritterlich-galant im Sonnenlicht/
weiß Feiernde werfen
lange Grenzschatten/uns weiter zu führen
zu einer Kirche in der Hocke/
auf Fundament aus Stein
gegründet auf Runen/Tritt ein in ihre Leere:

„Ein Elitepreis also? Scheißt der Teufel hier nur wieder auf den berühmt großen Haufen? Ja, gewiß, aber das muß er auch, denn Preis kommt von Lobpreisen und echtes Lob erst nach der Leistung. Der Begriff Elite aber kommt von lateinisch *eligere* (auswählen) – und die zweiundzwanzig Erwählten, Gepriesenen, die den „Nobelpreis der Musik" bislang errungen haben, haben ausnahmslos, jeder auf seine Art, zwischen stürmischem Experiment, eiserner Perfektion und stillem Tüfteln, den musikalischen Fortschritt im zwanzigsten Jahrhundert forciert. Dieser Preis ist ein Preispreis."

Eleonore Büning,
Die Zeit, 4. Mai 1995

Nichts Gekünsteltes hier/
aus sich wiederholenden Mustern
sondern Masse und Schwerkraft/
nüchterne Sachlichkeit
bis der Blick nach oben schweift/
wo luft'ge Linien schweben
und gesprungener Strebepfeiler trifft/
seinen Kumpan im Himmel
schau gejagt im Gewölbe/
und gemeißelte Blätter
Gog und Magog/Grüner Mann und Riese
die Tasse und das Feuer/und der Fischer-König
rohe Musik der Bauern/
Querflöte, Trommel und Fidel
des Todes Kopf und Seelenschiff/
Drachen und Stern:

die letzte Bosse rühmt sich/
der Birtwistle Besonderheiten
Gesicht von einem Jahrmarktsgeschenk/
Punch auf einem Krug
dennoch die Maske eines Denkers/
Macher der Dinge
zeitlos in England/anonymer Kunsthandwerker
Darsteller von Mysterien/Maurer der Schreine:

Dann wandle durch seinen Bogen/
blick' auf den hügeligen Horizont
wo nackte Pylone sich wölben/
und blasse Kühltürme dräuen
wie Töpfe, von Riesenhand geformt/
Gefäße von Kong geworfen
dann laßt Euren Blick sich senken/
schweifen über weites Moor
wo Bäume sich drängen und ducken/
da, plötzlich: ein Fluß:

„Man kann überhaupt nicht mit Musik seine Zeit komponieren. Man kann nur sich selbst komponieren. Es ist unmöglich, sich hinzusetzen und zu sagen: Jetzt drücke ich mich aus oder meine Zeit."
Sir Harrison Birtwistle

Dort im Wasser watend/
der fröhliche Fischer steht
nach Beute Ausschau haltend mit Fiktion/
wie auch Trockenfliegen täuschen;
Konzentration ist fixiert/
sein Brennpunkt verbraucht
durch eine einzige Koordinate/
kleine Ecke der Stille
wo die Freiheit gefangen/
die Zukunft komponiert;
alles geschrumpft auf ein Nichts/
eine schimmernde Leere
und gehalten im Zen/am Ende der Zeile.

Schau genauer hin nun/
auf die gitterartige Wiese
wo wohlbehütet/wohlgezählte Schafe weiden:
Eine breitschultrige Gestalt/vor ihnen skizziert
sich anschickend/einen Stein zu heben aus
merkwürdigen Möglichkeiten/Zufall und Wahl
beginnt nach oben zu bauen/
mit gemächlicher Hand
errichtet seine hundertste/
trockene Steinmauer
beäugt jeden Stein/
den ihm gemäßen Platz zu finden
schichtet einen auf den anderen/
wie seine Hand das kann
findet für jede leere Stelle/den passenden Stein
für jeden schweren Stein/
schließlich die Heimat:
diese grüblerische Aufgabe/
die rustikale Plackerei
will gut Weile haben/unterläuft Unehrlichkeit
schwache Kiesel schlingern/
nur geliebte Steine dürfen bleiben:
praktischer Zement/genehmer Klebstoff
wird nie sie erhalten/Gewicht verlangt Gewicht

> Seine Musik sei „sehr britisch", ist häufig zu lesen. Er kennt das, und es amüsiert ihn. „Ich weiß nicht, was das ist. Vielleicht sollten Sie mir das sagen." Für die Briten jedenfalls sei er der am wenigsten britische Komponist. Und gegen britische Musik, gegen jede „nationale" Musik habe er in jungen Jahren rebelliert!
>
> Herbert Glossner,
> Das Sonntagsblatt,
> 28. April 1995

ein trotziges Paradoxon/aus porösem Stein
mit wohlgesetzten Platten/
ausgelegt für die Ewigkeit
ein Monument aus Löchern/
in seinen Ritzen seufzt der Wind
und flüstert das Lied/
der starken weißen Mauer
deren wohlgesetzte Steine/
jetzt gefügt sind zu überdauern die Zeiten:
der müde Arbeiter reckt sich/
gönnt sich eine Pause.

Und im fernen Athen/sitzt Alkibiades
seine Gastmahl-Rede/gehalten und verklungen
das Loblied vorgetragen/
langes Gedicht der Liebe
und sein Freund verzeiht ihm/
solch simple Beispiele
zitiert als Tribut/für Musik der Transzendenz;
denn die Suche/
die in ferne Häfen wohl fliegen mußte
wandert widerspenstig/in Zirkeln und Zyklen
und macht sich schließlich/
auf den ganzen Weg nach Haus
in den Schutz seiner Familie/
geformt mit Sheilah
loyal im Trost/Gefährtin fürs Leben

dem Vater der Söhne/
und seiner geweihten Berufung
der jener Künstler bedarf/
dessen Herz auf Reisen sich befindet
sich fürchtend vor der Leere/
doch verdammt einzutreten
verwirrt umherirrend/in Dantes dunklem Wald
wo Pan noch sehr lebendig ist/
und auch der hundsköpfige Gott
und auch am Psychopompos/
die endlose Parade noch nicht vorüber
wo das Untier sich ergibt/
das Mädchen mit der Perle
und der Ritter allein reitet/
zum Rendezvous mit seiner Schwester
und ein anderer zu morden seinen Bruder/
westwärts sich neigt
während verloren im Laubwerk/
der grüne Mann immer noch grinst
als Punch den Polizisten trifft/
und der Gott seine Leier bearbeitet
seine Elegie verloren/
auf den lauschenden Steinen

Ehe noch hinanfährt der Nachen des Todes/
und der Kopf wehklagt im Wasser
werden wir hören Geschichten des Meeres/
unter sich verdoppelnden Sonnen;
lernen, daß alles ein Liebeslied war/
Hymne des Herzens
Einstudierung irdischen Daseins/
unermeßlicher Sternentanz.

Übersetzung: David Jacobs, Manfred Jansen

Dankesworte von Sir Harrison Birtwistle

An English journalist once said of me that it was easier to get pandas to mate than to get me to talk! Well, I can tell you that I've been here for about five days and I've never stopped talking to the Press. In fact, I estimate that I've talked for about seven hours. I don't know the gestation of pandas, but in a few months if you see some small animals around Munich, you'll know where they come from.

Two questions that seem to have cropped up this week; one of them was "What did I think about the prize, and what did I think when I got it?". And the other one which was not a question at all, which was more of a discussion, was "Did I know that my music was English?". Now the one thing that I rejected in my life was English music. I did it really from arrogance as a young man but it was a conscious thing. So I've never really thought of myself as an English composer. But maybe it's that English music is getting more like me than me like it. It's a bit like that painting of Picasso when the woman whose picture it was said "It doesn't look like me", and he said "Well, it will become like you".

The other question about winning the prize; first of all, there are two sorts of prizes. There are the ones which you enter for, like a sort of racehorse and maybe you win or maybe you come in second or third. And then there are the prizes which you don't ask for and this one I didn't ask for and I was very surprised because I was not really terribly aware of it. I seem to remember my father saying something about the fact that you judge a prize by its pedigree, i.e., who else won it. So I was sent from your good people, from Siemens, a list of the people who'd won it and that really was a surprise, because here was the music establishment and there again I've never really considered myself part of the music establishment. But there again maybe there is a connection in that maybe the music establishment is becoming more like me!

I don't know where all this is leading me apart from the fact that I really do want to thank Tom for what he said. I couldn't have said it better myself, very terrific, thank you. And I also thank Siemens, really, for the existence of the prize. I think that as this century comes to an end, with all its splendours and miseries, I think, that maybe you are going to need composers or people like me more than you realise. I mean as the century goes back into the mists of time I think that we are the people that can redefine the present and have ramifications, not just by what we write, but how we can keep alive what we call tradition. And so it's a very important prize and I thank the Siemens for its existence. And if you do see any pandas, will you look after them?

Thank you.

> Birtwistle: „Ich bin Avantgarde. Sicher ist das auch für mich eine Gratwanderung, aber man kann doch nicht Teil einer Tradition im weitesten Sinn sein wollen. Mag sein, daß ich für ein Elite-Publikum schreibe, aber daran denke ich beim Komponieren nicht. Ich will nur so gut sein wie Beethoven – das ist mein Ehrgeiz."
>
> Im Gespräch mit
> Marianne Reißinger,
> Abendzeitung, 2. Mai 1995

Ein englischer Journalist sagte einmal, es sei einfacher, Pandas zur Paarung zu bewegen als mich zum Sprechen! In den rund fünf Tagen, die ich jetzt hier bin, habe ich jedoch ununterbrochen mit Presseleuten gesprochen. Ich glaube, ich habe so etwa sieben Stunden mit Reden verbracht. Mir ist zwar nicht bekannt, wie lange Pandas trächtig sind, aber wenn Ihnen in ein paar Monaten irgendwo in München ein paar Tierbabies über den Weg laufen, dann wissen Sie ja, woher die kommen.

Zwei Fragen scheinen diese Woche alle beschäftigt zu haben: einmal, was ich von dem Preis halte, und was ich dachte, als ich ihn verliehen bekam; das zweite war keine Frage, sondern eher eine Diskussion – es ging darum, ob mir bewußt ist, daß meine Musik englisch ist. Wenn es etwas gibt, was ich mein Leben lang abgelehnt habe, dann ist es englische Musik. Als ich jung war, war diese Einstellung reine Arroganz, aber ich war mir dessen bewußt. Ich habe mich also nie als englischen Komponisten gesehen. Vielleicht ist es einfach so, daß die englische Musik mir immer ähnlicher wird, nicht ich ihr. Es ist ein bißchen so wie mit diesem Bild von Picasso: die Frau, die das Bild darstellen sollte, meinte: „Es sieht mir nicht ähnlich", und er antwortete: „Es wird Dir immer ähnlicher werden."

Dann ist da noch die Frage nach dem Preis. Grundsätzlich gibt es zwei Arten von Preisen: bei den einen nimmt man an einem Wettbewerb teil, so ähnlich wie ein Rennpferd; man kann gewinnen, oder man wird Zweiter oder Dritter. Dann gibt es noch die Preise, um die man sich nicht bemüht; um diesen hier habe ich mich nicht bemüht, und ich war sehr überrascht, weil mir kaum bewußt war, daß es diesen Preis überhaupt gibt. Ich glaube, mein Vater sagte einmal, einen Preis beurteile man immer danach, wer ihn schon alles gewonnen hat. Siemens schickte mir also eine Liste der bisherigen Preisträger, und ich war wirklich überrascht, denn es handelte sich um das gesamte musikalische Establishment, zu dem ich mich nie wirklich zugehörig gefühlt habe. Aber vielleicht gibt es da ja einen Zusammenhang, vielleicht wird mir das musikalische Establishment immer ähnlicher!

Ich weiß gar nicht, was ich sonst noch sagen soll, außer, daß ich mich ganz herzlich bei Tom für seine Worte bedanken möchte. Ich hätte es selbst nicht besser ausdrücken können, das war ganz großartig, vielen Dank. Ein Dankeschön auch an Siemens dafür, daß dieser Preis verliehen wird. Unser Jahrhundert mit all seinen schönen und traurigen Seiten neigt sich dem Ende zu, und ich denke, wir brauchen Komponisten oder andere Leute, die so sind wie ich, dringender, als uns bewußt ist. Angesichts des ausgehenden Jahrhunderts scheint mir, daß wir diejenigen sind, die die Gegenwart neu definieren und neue Wege finden können – nicht nur durch das, war wir schreiben, sondern wir können auch Anstöße geben, die sogenannte Tradition lebendig zu erhalten. Es handelt sich um einen sehr wichtigen Preis, und ich danke Siemens dafür, daß er existiert. Und falls Ihnen Pandas über den Weg laufen, kümmern Sie sich bitte darum!

Vielen Dank für Ihre Aufmerksamkeit.

Text der Verleihungsurkunde

**Die Ernst von Siemens Stiftung verleiht
Sir Harrison Birtwistle
den Ernst von Siemens Musikpreis**

Sie würdigt damit einen der eigenwilligsten und originellsten britischen Komponisten der Gegenwart, dessen künstlerische Entwicklung die internationale Musikwelt mit wachsender Aufmerksamkeit verfolgt.

Die starke visuelle Vorstellungskraft seiner Musik – er selbst nennt Paul Klee seinen eigentlichen „Mentor" – kennzeichnet insbesondere sein Opernschaffen. Orientierte er sich in früheren Werken mehr an mittelalterlicher Musik, so bevorzugt er heute immer häufiger zyklische und ritualisierte Abläufe als ornamental-lineare Ausdrucksform, die den ausgebildeten Klarinettisten und dessen Neigung zu Strawinsky verrät. In der Knappheit und Präzision seiner Tonsprache steht er auch Anton von Webern nahe.

Seine unkonventionelle Art, sich einem kompositorischen Problem auf verschiedenen Wegen zu nähern, bringt schöpferische Unruhe in Birtwistles Schaffen, wobei Verstand und Gefühl eine produktive Symbiose eingehen.

München, 2. Mai 1995
Stiftungsrat und Kuratorium

Biographie

1934
geboren in Accrington, Nord England
Studium (Klarinette und Komposition) am
Royal Manchester College of Music

1965
Verkauf der Klarinette, um sich nur noch der
Komposition zu widmen
Harkness Fellow in Princeton,
Vollendung der Oper „Punch and Judy"

1973–1984
Arbeit an „The Mask of Orpheus"
(1986 UA an der English National Opera)
„Gawain", „The Second Mrs Kong",
„Earth Dances"

1986
Grawemeyer Award
Chevalier des Arts et des Lettres
British Knighthood

1993–1998
Composer in Residence beim London
Philharmonic Orchestra

seit 1994
Henry Purcell Professor of Composition am
King's College London

1995
UA von „The Cry of Anubis" für Tuba und
Orchester durch das London Philharmonic
Orchestra
„Panic" für Saxophon, Schlagzeug und Orchester
Kammermusik: „9 Settings of Celan",
„9 Movements for String Quartett"

seit 1997
Director of Composition am Royal College
of Music in London

1998
UA von „Exody" durch das Chicago Symphony
Orchestra

Maurizio Pollini

Laudatio von Joachim Kaiser

gehalten am 12. Juni 1996　im Cuvilliéstheater in München

Es ist auch für mich ein erhebender, zur Dankbarkeit und Freude „con amabilita" stimmender Moment, daß gerade ich hier – auf Pollinis Wunsch – diesen außerordentlichen Künstler ehren und ihm zum wohlverdienten Großen Siemens Musikpreis gratulieren darf. Wer wüßte nicht, wie vieles an Beglückungen, Anstößen, auch produktiven Neuerungen und eigensinnigen Widerständen die Welt diesem Mailänder Architekten-Sohn schuldet. Pollini-Konzerte und wahrlich auch Pollini-Programme zwischen Monteverdi und Nono, Beethoven und Schönberg, Chopin und Schumann sind immer zentrale, prägende Kunst-Ereignisse gewesen bis auf den heutigen Tag. Er spielt seine enorme, einzigartige Technik und Virtuosität nie eitel aus, sondern setzt sie immer nur für Geistiges, Unkonventionelles ein, also nicht für die Bedürfnisse des Kulturbetriebs, sondern für das Schicksal großer Musik, der er Gegenwart und Zukunft zu sichern sucht, voller Angst vor Abnutzung, Wiederholung, vor musealer Sterilität. Darum sind Pollini-Konzerte nicht bloß irgendwelche Daten in irgendwelchen Veranstaltungskalendern, sondern mehr. Nämlich: prägende Ereignisse unseres musischen und geistigen Daseins, wichtige Erlebnisse unserer seelischen Biographie. So wie ein Fischer-Dieskau ohne weiteres Platten- und Goldmillionär geworden wäre, wenn er sein Leben lang nichts anderes als „Winterreise" und „Schöne Müllerin" gesungen hätte (und wie neugierig ist gerade Fischer-Dieskau, wie riesig ist sein Repertoire), so hätte auch Maurizio Pollini mit ein paar Chopin-Programmen zwischen „Etüden" und „Préludes", mit ein paar Beethoven-Sonaten, wie Waldstein- und Hammerklavier-Sonate, in denen seine staunenswerte Kunst überwältigend leuchtet, gleichfalls aufs sicherste Karriere und Kasse machen können. Aber er mied alle konservative Bequemlichkeit. Er änderte, entwickelte sich. Er schockierte manchmal sein Publikum aus Notwendigkeit, wahrlich keineswegs aus Übermut. Vielleicht gelang ihm nicht immer alles. Denn er riskierte, er wagte viel. Und seine Darbietungen der zweiten Boulez-Sonate, der Debussy-Etüden, des Schönberg-Klavierkonzertes kamen Entdeckungen gleich. Stets und stetig wandelte sich dabei sein Stil, seine Interpretationsweise. Nie jedoch seine Vollendungsgier, seine Besessenheit.

Meine sehr verehrten Damen und Herren – ich bin hier noch nicht beim eigentlich Interessanten, also bei den Einzelheiten Pollinischen Interpretierens, seines Suchens und Findens. Einstweilen umreiße ich noch ganz allgemein, was Pollini für die Welt des Klaviers und der Musik bedeutet. 1942 in Mailand geboren, rasch als Riesenbegabung erkannt und ausgebildet, gewann er 1960, als 18-jähriger, in Warschau den Chopin-Preis. Spielte sogleich zwei Chopin-Platten ein, das e-moll-Konzert sowie ein paar Solostücke, zog sich dann aber, statt den Erfolg auszukosten, auszunützen, klug für einige Zeit zurück. Sein Genius brauchte es nicht eilig zu haben.

„Wenn die zeitgenössische Musik einen belebenden Einfluß auf die Musiker haben kann, so auch auf das Publikum, auf das musikalische Leben von heute."

Maurizio Pollini

Damals – gestatten Sie mir diese Anekdote, denn sie ist nicht bloß eine „wahre Geschichte", sondern tatsächlich passiert – schrieb ich gerade, Mitte der sechziger Jahre, an meinem Buch „Große Pianisten in unserer Zeit". Und die beiden Pollini-Chopin-Aufnahmen beeindruckten mich so sehr, daß ich es riskierte, den Pianisten ins Buch aufzunehmen, ohne ihn im Live-Konzert gehört oder gar persönlich kennengelernt zu haben. Dann, gegen Ende der sechziger Jahre, waren meine Frau und ich bei Abbado in Sardinien zu Gast. Ich lernte einen jungen, beklemmend wohlerzogenen, etwas schlaksigen Italiener kennen. Wir spielten Tischtennis, eine hitzige Partie, was damals eine Leidenschaft und Spezialität von mir war. Deshalb erinnere ich mich bis auf den heutigen Tag, daß ich ärgerlicherweise verlor – wenn auch nur knapp, 22:20 oder so. Ich erkundigte mich noch mal nach dem Namen des Siegers. „Pollini", sagte der junge Mann. „Haben Sie irgend etwas mit dem Maurizio Pollini zu tun, den ich einzig wegen zweier toller Chopin-Platten in mein Buch hineingenommen habe?", fragte ich. Sie ahnen die Pointe. Seitdem verfolge ich Pollini, habe ich miterlebt, wie er hier in München zum „Wunder Pollini" wurde, wie bei seinen Beethoven-Auseinandersetzungen zum pianistisch-meisterhaften Geschmack auch die grandiose „Gewalt" trat, wie er lateinischen Ästhetizismus mit herbem Expressionismus verband, wie er manchmal vom Virtuos-Elegischen bis an die Grenze des Klirrend-Strukturalistischen vorstieß, wie er seinen Weg zu einem träumerisch-belebten Schubert fand und endlich Beethovens Hammerklavier-Sonate mit einem Furor und einer manuellen Kraft bewältigte, die man für beinahe unmöglich gehalten hätte.

Eine Preisverleihung, das ist – wer wüßte es nicht – ein geistig ehrenvoller, finanziell angenehmer, also höchst positiver, vergnügter Moment. Aber wahrlich kein Anlaß, nun auch augenzwinkernd vergnügt über Pollinis geistige Statur und seine Kunst zu reden. Sein enormes manuelles Können, sein pianistischer Professionalismus, sein Verantwortungsbewußtsein gegenüber der Geschichte wie der Gegenwärtigkeit von Musik, gegenüber dem Publikum und dem eigenen Rang, machen Pollini zu einem vollkommen ernsten, ja übermäßig skrupulösen Künstlertyp. Der nimmt nichts jovial auf die leichte Achsel. Der ist vor Konzerten unendlich nervös. Er weiß, was man von ihm erwartet. Er weiß, daß Gelingen oder Mißlingen seiner Darbietungen nicht nur subjektive, korrigierbare, verzeihliche Kunstspielchen sind, sondern objektive Antworten darauf, was heutzutage geht, möglich ist. Oder eben, was nicht mehr möglich ist. Pollini „spielt" nicht bloß. Und schon gar nicht spielt er sich als fabelhafter Virtuose auf, sondern er fühlt bis zum Äußersten, ja bis zur Verzweiflung, was auf dem Spiele steht. Ich glaube nicht, daß es „ernstere" Interpreten gab oder gibt als einen Pollini, einen Michelangeli, einen Toscanini. Wir haben ein falsches Bild vom geistigen Italien, wenn wir immer nur an gutgelaunte Tenöre denken, oder an grandseigneurale Lebenskünstler, die sich's lächelnd richten, Charme-Bolde, zu Scherzen aufgelegt, Küßchen rechts und Kläpschen links.

„Wer wüßte nicht, wie vieles an Beglückungen, Anstößen, auch produktiven Neuerungen und eigensinnigen Widerständen die Welt dem Mailänder Architekten-Sohn Maurizio Pollini schuldet."

Nein: die vom Stamme Pollini, Michelangeli, Toscanini sind anderer Art: ganz und gar kompromißfeindlich, humorlos wie Dante, wenn's ums Eigentliche geht, um Gottesdienst oder Kunst-Dienst. Ich habe schon angedeutet, daß Pollini immer zugleich zu stolz und zu bescheiden ist, sein manuelles Können siegessicher auszubeuten. Wer die wahnsinnigen Schwierigkeiten der zweiten Boulez-Sonate, für die man ein Elektronengehirn und Horowitz-Hände haben muß, um sie so unfaßlich genau in aller Vielstimmigkeit und Durchtriebenheit vortragen zu können, so atemberaubend meistert, wie Pollini es unglaubwürdigerweise vermag – der könnte weiß Gott die applausträchtigen Virtuosen-Rösser zähmen und reiten: „Spanische Rhapsodie" von Liszt, „Islamey" von Balakirew, „Gaspard de la Nuit" von Ravel, Strawinskys „Petrouchka-Suite", dazu noch einige Rachmaninow-Schmankerl oder Godowsky-Transkriptionen – und alles das möglichst an einem Abend. Pollini „könnte" das auch. Aber für solche Klavier-Sportlerei ist er viel zu ernst – so gern er auch mal einen Virtuosenschinken à la Petrouchka zugibt.

Pollini dient der Kunst so seriös, daß er auch auf hilfreiche Manierismen, auf, vornehmer gesagt, interpretatorische Markenzeichen verzichtet. Solche Markenzeichen müssen nichts Verächtliches sein: Der Cellist Pablo Casals betonte die Auftakte heftig knurrend, Arthur Schnabel phrasierte gern „gegen den Strich", Rubinstein hatte seinen unvergleichlichen Ton und die Angewohnheit, während des Konzertes einmal sich zu erheben, vom Klavierstuhl aufzustehen, um einen besonderen Donner-Effekt zu produzieren. Bei Pollini gibt es eigentlich nicht (oder jedenfalls nicht als sich vordrängende Aura) jenen „Personalstil", wie er die Kunst von Rubinstein oder Casals oder Horowitz prägt, wie ihn aber nicht nur manche der großen „Alten" bis hin zu Wilhelm Kempff kultiviert haben, sondern wie man ihn auch bei Glenn Gould, bei Daniel Barenboim, bei Shukow und Afanassiew beobachten konnte und kann. Pollini fügt nicht das Besondere hinzu – sondern er holt es aus den Werken heraus! Mit zwingender Wahrheit entstehen, wenn er einen guten, gesegneten Abend hat (und auch er ist keine Maschine, sondern ein Mensch), die Kompositionen. Man kann ihn als einen spirituellen Konkretisten des Klavier bezeichnen. Das heißt, er stellt die pianistische Sache klar, engagiert, belebt, hochnuanciert im Einzelnen dar – setzt ihr dabei aber weniger seine subjektive „Auffassung" entgegen, als seinen Scharfsinn, sein Scharfgefühl, seine Freude am stürmischen Schwung und an seelischer Wahrhaftigkeit. Seit Dinu Lipatti hat niemand mehr so lebendig und natürlich das Klavier beherrscht.

Es kann sein, meine sehr verehrten Damen und Herren, daß manche von Ihnen argwöhnen, ich spräche Pollini mit alledem die Personalität, das zwingende Ego ab. Darauf hätte ich zwei Antworten. Erstens, den großen Künstlersatz des großen Wilhelm Backhaus, der – auf sein Individuelles angesprochen – ruhig sagte: „Meine Seele liegt in meiner Technik." Und zweitens lautet meine Antwort: Wenn Pollini beim Spiel nicht immerfort ekstatisch „sich" darstellt, heißt das doch wahrlich keineswegs, er stelle überhaupt nichts dar. Sondern dieser Künstler dient emphatisch den Werken! Wer ein Pollini-Konzert verläßt, denkt eben nicht nur: wie fabelhaft kann der aber Klavier spielen. Sondern man ist von Pollini dazu gebracht worden, begeistert über die Werke, nämlich die Stücke, die er vortrug, zu spekulieren. Pollini rühmen, heißt darüber sprechen, was er bei Chopin, Schumann, Debussy, bei Beethoven und Schönberg zur Sprache brachte. Gestatten Sie mir, daß ich nun einige Pollini-Interpretationserlebnisse verbalisiere.
Ein heikles Unterfangen, zum Schluß werde ich dann wieder allgemeiner und verstehbarer.

Den Weltruhm Pollinis begründete sein Warschauer Wettbewerbs-Sieg und also sein Chopin-Spiel. Und oft habe ich erlebt, wie er im Konzert – weit mehr noch als bei einigen seiner Chopin-Platten, wo er allzu heftig ums Absolute kämpfte, die gleiche „Sturm-Etüde" ein Dutzend Mal wiederholt, bis die Spontaneität gefährdet erscheint – wie oft habe ich erlebt, daß er im Konzert mit einer Vitalität und Reinheit Chopins Etüden, die Trauermarsch-Sonate oder die f-moll- Fantasie meisterte, bis die Hörer absolut still, wie in Trance, hingegeben der Musik zu lauschen schienen. Dabei legt

„Die Preisträgerriege ist schon imponierend: Britten, Fischer-Dieskau, Menuhin, Bernstein und noch 18 ähnlich illustre Namen, denen sich nun der Pianist Maurizio Pollini anschließt – der Ernst von Siemens Musikpreis behauptet in den 23 Jahren seines Bestehens ungetrübt seinen Rang. Er war, was viele Kommentatoren übersahen, die sich mokierten, wenn die bereits Hochberühmten ausgezeichnet wurden (nebenbei: 23mal Männer; was ist mit Christa Ludwig, Martha Argerich, der Gubaidulina?) immer beides: Preis für einen Spitzenkünstler (oder auch Wissenschaftler) und Förderung für die Jungen. Und in den meisten Fällen gaben die Ausgezeichneten das Preisgeld sofort an junge Talente weiter."

Beate Kayser,
tz München, 14. Juni 1996

„Es ist die Pflicht eines jeden Musikers", wettert Maurizio Pollini, „dem Publikum zu zeigen, was heute geschieht. Wenn die Tendenz des Musiklebens nur in die Richtung geht, das berühmte Repertoire zu wiederholen, dann wird das letzten Endes eine Quälerei werden."
Das sagt nicht irgendwer, sondern einer, der es wissen muß.

Albrecht Thiemann,
Die Märkische Allgemeine,
Potsdam,
14. Juni 1996

ein Pollini es überhaupt nicht darauf an, als – wie sagt man – Magier, als großer Faszinierer, Rauscherfolge zu erzielen. Er läßt mit Kraft, Sonorität, aber ohne rhetorische Mätzchen, mit Noblesse, Geschmack und dramatischem Impuls die Musik sprechen. Wenn aber große Werke, wie Chopins b-moll-Sonate, wie die f-moll-Fantasie, derart zum Sprechen gebracht werden, dann wirken sie unwiderstehlich ...

Pollini hat einmal, voller Respekt natürlich, bemerkt, ihm käme die Horowitzsche Interpretation der Trauermarsch-Sonate zu vergewaltigend, zu manieriert vor. Diese Musik, so sagte Pollini auf meine Frage, wäre doch so erhaben und erfüllt komponiert, daß nichts forciert und verzerrt zu werden brauchte, damit es interessant und aufregend gerate. Nun bietet ja Chopins b-moll-Sonate ein beinah unlösbares Interpretationsproblem. Nach dem Trauermarsch mit seinen Trommelwirbeln und Aufschwüngen, seiner Pianissimo-Traum-Cantilene und seiner Entsetzens-Monotonie, hat Chopin ein Finale komponiert, das kaum erklärt werden kann. Presto-Triolen im unisono, sotto voce e legato. Über Kategorien wie „Trost" oder „Verzweiflung" – als Reaktion auf den im Trauermarsch komponierten Tod – scheint das offenbar hinaus zu sein. Ist es zynische Musik? Abschied von der Ratio? Aberwitz, Widersinn, Irrsinn? Manchmal erscheinen Fetzen von Gestaltetem. Aber nichts Faßliches.

Fahl, wortlos, Melodie-arm, wahnsinnig reagiert hier Chopins Finale auf die Todesbotschaft des Trauermarsches. Diese Verweigerung von Sinn hat mit Impressionismus nichts zu tun, mit bloßen Etüdenläufen nichts und auch nichts mit jenem angeblichen „unisono"-Plaudern zweier Hände, als welches Chopin den Schlußsatz spöttisch und nicht ohne dissimulierende Ironie bezeichnete.

Dieses Finale ist so schwer zu denken, wie alles Undenkbare, und so schwer zu spielen, weil es Sinn verweigert. Leise bleiben, unrhetorisch, rasch, und gleichsam seelisch tot: das kann ein lebender Interpret kaum schaffen. Rachmaninow zum Beispiel hat in Chopins Passagen rauschhafte Melodien hineinprojiziert, die dem Satz ferner sind als Gounods „Ave-Maria"-Cantilene dem Bachschen C-dur-Präludium. Pollini, und das ist eine ungeheure Leistung, vermag die komponierte Sinn-Leere dank seiner ungeheuren Disziplin auszuhalten und darzustellen. Und dann transformiert er das Entsetzen in die Dimension des Klanges, so wie Michelangeli die Dramatik von Beethovens Sonate Opus 111 nicht direkt darstellte, sondern in ästhetisch reinen Klang umsetzte.

Das Ergebnis von Pollinis Kunst ist umwerfend. Den Trauermarsch versteht er als erregte Musikdrama-Szene. Gewaltige Betonung der Trommelwirbel. Eherner Glanz der Modulationen. Im Trio nicht bloß himmlischer Frieden, sondern eine ätherische Spiegelung des eben vernommenen Irdischen. Das aber bedeutet, man hört aus Pollinis vollkommen unverzärteltem, unparfümiertem Chopin keineswegs nur subjektiv-empfindsame, sondern eine objektiv betroffene Musik. Man vernimmt etwas – und

„Pollini ‚spielt' nicht bloß. Und schon gar nicht spielt er sich als fabelhafter Virtuose auf. Sondern er fühlt bis zum Äußersten, ja bis zur Verzweiflung, was auf dem Spiele steht."

Chopin hatte ja sowohl bei seiner Verzweiflung über das Scheitern des Warschauer Aufstandes, wie auch im Paris der dreißiger Jahre wahrlich hautnah mit alledem zu tun – man vernimmt bei Pollini etwas von Kollektiv-zu-Grabe-getragener-Revolution in der Trauermarsch-Sonate. Und in der Fantasie f-moll, wie Pollini sie uns bot, kann auch niemand jenen erhitzten Revolutions-Marsch überhören, der sich immer wieder vordrängt und am Ende doch einem fatalistischen Schluß weichen muß.

Auch Chopins f-moll-Fantasie beginnt ja trauermarschartig. Pollini hält die Unausweichlichkeit des Weiterschreitens fest, entdeckt in Chopin die Spannung zwischen nobel aristokratischem Glanz, den wir alle so lieben, und kollektiver Katastrophen-Ahnung, die eben nur ein Ausnahmekünstler in solcher Musik sowohl zu spüren wie auch darzustellen vermag.

Instinkt, Neugier und Intelligenz hielten Pollini davon ab, bloß zum Chopin-Spezialisten zu werden – wie der Beginn seiner Karriere es doch nahegelegt hätte. Ungeheuer, und vielleicht noch überraschender, fündig wurde dieser Künstler auch immer wieder bei Schubert. Als wir die große a-moll-Sonate Opus 42 von ihm erlebten, die nachgelassene B-dur-Sonate, die Wanderer-Fantasie, da gab es schon Anlaß, vom Durchbruch eines phänomenal Begabten ins Königreich des Klavierspiels zu schwärmen. Wenige Schubertsche Anfangstakte bei der Sonate Opus 42, und es faszinierte der Klangsinn, mit dem Pollini jeden Akkord anders und anders traurig abtönte – die Diskretion, mit der er aus einem immerfort pochenden *E* der linken Hand eine unruhige Ruhe, einen psychologischen Kommentar, einen verzweifelten Herzschlag herauszuholen wußte. Jüngst erst ging mir auf, was Pollini entdeckt hat, als er den Adagio-Teil der Wanderer-Fantasie im *alla breve* spielte. Das Thema des Werkes stellt bekanntlich, sozusagen in seiner Urgestalt, Grundgestalt, ein Zitat aus dem Lied „Der Wanderer" dar: „Die Sonne dünkt mich hier so kalt, die Blüte welk, das Leben alt." Das soll zugleich „adagio", also sehr langsam, und – was viele Interpreten nicht so ernst nehmen – im „alla breve" vorgetragen werden. Warum aber verlangt Schubert „alla breve", was nicht unbedingt ein doppelt rasches Tempo meinen muß, wohl aber eine größere Einheit der Zusammenfassung, des rhythmischen Dirigentenschlages gewissermaßen, ankündigt? Pollini hat es erfühlt und vorgeführt. Es heißt: Nicht jeder Akkord des großen Adagio-Themas soll mit gleichem Leidensgewicht, mit gleich dickem Ausdruck behängt werden im alla breve. Wie Pollini sie spielt, wächst der herrlichen Melodie eine scheue, unaufdringliche Zartheit zu. Sie will nicht mit fettem Ausdruck imponieren, sondern Schubertisch-Wienerische Diskretion auch im Schmerz bewahren. Ganz nach Schuberts nie ausgesprochenem Motto, das sich so umschreiben ließe: Donnert Beethoven heroisch auf: „Die Lage ist ernst – aber nicht hoffnungslos" – so flüstert Schuberts Genius: „Die Lage ist hoffnungslos – aber nicht ernst."

Alles das genügte Pollini nicht. Bach, Mozart, Chopin, Schubert, Schumann, Brahms: Wie ausführlich könnte ich hier über seine Interpretationen, seine Errungenschaften werden, und wie begeistert hat das Konzertpublikum ihm gedankt. Er aber macht es sich und seinen Hörern schwer – weil er nur zu gut spürt, wie viel auf dem Spiel steht, wenn immer nur ein wunderbarer, aber kleiner Bezirk der Musikgeschichte ausgeschritten wird. Müssen sich dann nicht Gespenster melden? Die Gespenster der Abnützung, Isolierung und des Überdrusses? Muß die unreflektierte Wiederholung stets der gleichen tiefgründigen Werke nicht zum Mechanischen führen, oder Tifteligen? Zum Sorglos-Routinierten oder zum Pretiösen? So fragt Pollini unablässig. Und darum entdeckt er beispielsweise die zwölf Etüden, die Debussy 1915 vollendete, als des Komponisten Endphase neoklassizistischen und zugleich kühn Strawinsky-nahen Spätstils begann! Die Etüden gelten als unspielbar schwer. Es sei unmöglich, Debussys Anforderungen zu erfüllen, ohne zu mogeln. Pollini aber ist imstande, seine Technik dazu zu nützen, den Etüden alles „Etüdige", alles Demonstrativ-Technische zu nehmen! Er hat es selbst hier nicht nötig, als phänomenaler Könner zu triumphieren. Er deutet Debussys Etüden in Tondichtungen um. Das heißt, er zeigt, wie Klangfarben die enorm verwickelten, aber durchaus auch meditativen Stücke prägen, wie sie rhapsodische Momente enthalten, wie in der zehnten Etüde sogar auf Eugen d'Alberts „Tiefland"-Motiv angespielt wird. Alle früheren Interpreten, die an Debussys Etüden herangingen, als seien sie eine Art impressionistischer Chopin, haben die Werke verkleinert. Pollini indessen entdeckt sie, indem er mit souveränem Klangsinn und kühler Noblesse vorführt, was poetisch und modern ist in Debussys später Kunst.

Vollkommen unbegreiflich, und damit komme ich zum Schluß meiner ebenso schwärmerischen wie fragmentarischen Einzelbetrachtungen, völlig unbegreiflich ist die Sonorität, die gestische Kraft, der helle und doch flexible Ton – womit Pollini vorführt, wie spielbar die zweite Sonate von Boulez sein kann. Hier fügt er, um den von ihm erkannten Reichtum der wahnsinnig anspruchsvollen Musik zugleich klar, aber auch heftig vorzuführen, eine enorm gestische Rapidität hinzu. Die zweite Sonate von Boulez, wie Pollini sie spielt, wird um so mehr noch zum Darbietungs-Wunder als zum Komponisten-Ereignis.

Kein Wunder, daß Luigi Nono mit einem solchen Interpreten gern zusammenarbeitete. Kein Wunder, daß Pollini wiederum Boulez vorführt, um auf Beethovens Hammerklavier-Sonate hinweisen zu können, die er unvergleichlich kühn und gestaltenreich als Allermodernstes spielt ...

Fürchten Sie nicht, meine Damen und Herren, ich würde Ihre Geduld und Freundlichkeit jetzt damit strapazieren, nun auch mit Worten ausführlich den riesigen Weg nachzugehen, den Pollini ein Leben lang hin zum größten Sonaten-Komponisten beschritt, den die Musikgeschichte kennt: also Pollinis Weg zu Beethoven.

Es war ein Weg vom Melodisch-Elegisch-Schönen und Abgezirkelten zum dramatischen und herben Beethoven. Vor Beethovens später Mystik und früher Rhetorik hielt Pollini manchmal eine tief lateinische Scheu zurück. Am verblüffendsten wirkte natürlich immer die wortwörtliche Bewältigung des Technischen! Oktaven-Glissandi im Kopfsatz des ersten Klavierkonzertes, im Finale der Waldstein-Sonate, wo sonst unendlich viel gemogelt wird: Pollini spielt das. Ich erlaubte mir, ihn einmal in der Bonner Beethoven-Halle danach zu fragen, wie er es fertigbringe, die Prestissimo-Oktaven im Finale der Waldstein-Sonate so phänomenal sicher zu spielen. „Die Oktaven sind leicht", gab er zurück, „man darf nur keine Angst vor ihnen haben". Klingt einleuchtend. Wird sich schon so verhalten. Nur, wie bringt ein normaler sterblicher Klaviermensch es fertig, da ohne Angst zu sein?

Pollinis Vater, Gino Pollini, lebte von 1903 bis 1992 und war ein führender, avancierter italienischer Architekt, der zusammen mit Luigi Fini beispielsweise die Olivetti-Werke entwarf. Pollinis Mutter, Renata Melotti, hat Klavier und Gesang studiert, sie war die Schwester des Bildhauers Fausto Melotti. Beim Blick auf die Front von Gino Pollinis Olivetti-Konstruktionen fiel mir absurderweise einmal ein, wie gleichermaßen strukturell Pollini im Adagio der Hammerklavier-Sonate, bei der Reprise, die verzierenden Zweiunddreißigstel versteht! Da gibt es jetzt zwei Möglichkeiten. Aber Pollini, dessen Hammerklavier-Sonaten-Interpretation zu den großen Kunsterfahrungen meines Lebens gehört, entdeckte noch eine dritte. Also: man kann die umspielten Zweiunddreißigstel so artikulieren, daß sie die Melodie, die sie umspielen, verstärken. Das tut Arrau. Zweite Möglichkeit: man kann die Zweiunddreißigstel als Widerstand darbieten, also ihre melodiefremden Töne artikulieren, gegen den Strich der Hauptmelodien. Das tut Arthur Schnabel. Pollini aber bezieht sich, es sind die Takte 88 bis 103 des Adagios der Hammerklavier-Sonate, aufs graphische Moment. Er hebt *die* Töne hervor, die gleichsam in großem Intervall herausfallen als plötzliche Oktaven oder Nonen wie an langen Stielen, Hälsen. Die Wirkung von Pollinis graphischer Interpretation ist verblüffend. Und nie hatte ein Künstler mehr Recht als er zu der mutigen Feststellung, er habe eine „große Abneigung gegen Originalität um jeden Preis, weil sie grundsätzlich unehrlich ist".

„Aber Pollini ist mehr, und zwar dadurch, daß er nicht aufhört darüber nachzudenken, wie das Hinhören auf die Musik gleich welcher Couleur (vom Mittelalter bis zur Avantgarde, schrankenlos in alle Himmelsrichtungen) in einer Zeit, in der das Weghören oder ‚Easy Listening' Mode ist, zu provozieren, anzustacheln wäre."

Reinhard Schulz,
Neue Musikzeitung,
August/September 1996

„Einem Pianisten steht eine unendliche Auswahl an Werken zur Verfügung; viel mehr, als er im Laufe seines Lebens einstudieren kann. Ein Pianist kann also die Werke auswählen, zu denen er eine intime Beziehung herstellen kann. Ich lasse jedenfalls die Finger von einem Stück, wenn ich dafür nicht einen wahren, tiefgreifenden Enthusiasmus verspüre. Dennoch muß ich zahlreiche Werke und Komponisten ausschließen, die ich wegen ihrer Tiefe und Ernsthaftigkeit bewundere."

Maurizio Pollini im
Gespräch mit Felix Schmidt,
Welt am Sonntag, 24.11.1996

Wie aber – so fragen wir uns nun beklommen – geht alles das zusammen mit jener Idee des Maßes, der „lateinischen Klassizität", die bei der Kunst eines Pollini doch als Selbstverständliches, als erste und zweite Natur vorausgesetzt werden kann? Nun, unser Preisträger lehrt uns sein Interpretenleben lang, was Klassik und „Klassizität" wirklich sind. *Klassisch:* das ist nicht unbedingt der maßvolle, unriskante, wohlig-vorsichtige goldene Horazische Mittelweg. Sondern etwas ganz anderes: *Große Klassik* bietet nämlich ein spannungsvolles Parallelogramm riesiger, einander entgegengesetzter Kräfte – von totenstarrer Ruhe bis zum tollen Tumult. Pollini weiß ja, wie bedeutsam in der Musik gerade die Ruhe ist, die Stille, das Schweigen. Jüngst noch hat er in einem aufschlußreichen „Focus"-Interview mit Peter Kammerer eindringlich darüber gesprochen – und ich möchte gern eine erschütternde Beethoven-Äußerung, einen großen konkreten Künstlersatz in diesem Zusammenhang hinzufügen. Beethoven sagte: „Der Tod könnte ausgedrückt werden durch eine Pause."
Alles das gehört zum Kräfte-Parallelogramm, als welches große, lebendige Klassik sich uns darstellt. Solche Kräfte toben nur eben nicht gestaltlos, sondern gebändigt in einer überschaubaren Struktur der Gegensätze.
An gesegneten Abenden entsteht dies Parallelogramm der Energien, diese Balance aus Beherrschung und Ekstase, Vitalität und organischem Gesetz, diese abenteuerliche Klassik unter den Händen von Maurizio Pollini: dem ich nun herzlich und freundschaftlich gratuliere zum Großen Siemens Musikpreis.

Ich danke Ihnen!

Dankesworte von Maurizio Pollini

Die Verleihung des Ernst von Siemens Preises ist für mich eine große Ehre, und ich möchte dem Kuratorium, dem Stiftungsrat, der Bayerischen Akademie der Schönen Künste und Professor Joachim Kaiser für seine Laudatio herzlich danken.

> „Die Richtung ist deutlich: Vor allem die Aufgeschlossenheit gegenüber zeitgenössischer Musik wird belohnt. Und das spielte auch bei der Kür des diesjährigen Hauptpreisträgers eine gewichtige Rolle: Maurizio Pollini.
> Ein grauenvolles Konzert! Pollinis Spiel, gerade bei Chopin, war von einer so unausdenklichen Vollkommenheit, war so eindringlich, so herzzerreißend, daß man diese Balladen wieder auf Jahre hinaus nicht von anderen, gewiß schätzenswerten Pianisten hören können wird, ohne bitter enttäuscht zu werden. Und es sind doch Stücke, die jeder Freund der Klaviermusik recht liebt, gern und oft hören mag. Pollinis Prägekraft bei der Ausformulierung der musikalischen Phrasen ist so logisch, so vernünftig und klar, als würde die Musik tatsächlich reden."
>
> Reinhard Beuth,
> Die Welt, 14. Juni 1996

I would like to add a few words in English, too. I would like to thank all the friends who are here and especially to thank Professor Maurice Mueller who is also present. Twenty years ago Professor Mueller operated me and in a way he saved my life. He saved my life in a very difficult situation and therefore made it possible for me to be here today receiving the Siemens Prize after so many years. I would like to thank you very much.

Dieser Preis wurde mir insbesondere für jenen Teil meiner Arbeit verliehen, der sich mit der Musik des 20. Jahrhunderts beschäftigt.

Ich bin überzeugt davon, daß die geistige Bereicherung, die ein Musiker durch das Studium der zeitgenössischen schöpferischen Tätigkeit gewinnt, äußerst wichtig, in meinen Augen grundlegend ist. Jede neue Entdeckung verändert uns und macht uns zu neuen Menschen. Wir werden uns der Entwicklung der musikalischen Sprache in der Geschichte bewußter und somit vielleicht für jene Momente in der Musik der großen Meister etwas sensibler, in denen sie aus ihrer geschichtlichen Epoche herausragten und damit Komponisten den Weg ebneten, die vielleicht Jahrhunderte nach ihnen kommen.

Wenn die zeitgenössische Musik einen belebenden Einfluß auf die Musiker haben kann, so auch auf das Publikum, auf das musikalische Leben von heute. Dieses scheint jedoch, anstatt sich weiterzuentwickeln, immer gleich zu bleiben, wie eine Trägheitsbewegung, vielleicht mit der realen Gefahr, in eine Krise zu geraten.

Man kann daher nur auf eine Änderung des musikalischen Lebens in den nächsten Jahren hoffen und darauf, daß die Werke unserer Zeit den Platz einnehmen können, den sie neben den Meisterwerken vergangener Tage verdienen. Das Förderprogramm der Ernst von Siemens Stiftung leistet einen wichtigen Beitrag zur Erneuerung des musikalischen Lebens. In diesem Sinne möchte ich auch die mir zugedachte Summe nicht annehmen, sondern möchte sie im Fonds der Stiftung belassen, zur Förderung ihrer Aktivitäten, der Hilfe junger Komponisten, die in ihrer kreativen Tätigkeit ermuntert werden müssen, der Förderung junger Musiker in ihrem Bemühen um zeitgenössische Musik, der Unterstützung von Institutionen, die dem Neuen gegenüber offen sind.

„Tatsächlich glaube ich, daß der Begriff der Tradition, verstanden als das Weiterreichen musikalischer Einsichten über die Epochen, heute eine sehr große Bedeutung hat."
Maurizio Pollini

Text der Verleihungsurkunde

**Die Ernst von Siemens Stiftung verleiht
Maurizio Pollini
den Ernst von Siemens Musikpreis**

Bereits seit seinen frühen Erfolgen in Genf und Warschau gehört Maurizio Pollini zu den großen Pianisten unseres Jahrhunderts. Spannungsvoll verbinden sich in seinem Spiel souveräne technische Meisterschaft, erlesener Geschmack, selbstverständliches, waches Formgefühl und eine tiefe Verantwortung gegenüber dem Notentext.

Pollini hatte es nie nötig, seine Virtuosität herauszustellen. So wuchs seinen Interpretationen, in denen sich extreme Risikobereitschaft mit lateinischer Klarheit verband, der Rang meisterhafter Objektivität zu: gleichviel ob Pollini sich Werken der traditionellen Kunst zwischen Beethoven, Chopin, Schubert, Schumann und Brahms zuwandte, oder ob er sich mit bewunderungswürdigem Elan für Werke des 20. Jahrhunderts (Schönberg, Webern, Nono, Stockhausen) einsetzte.

München, 12. Juni 1996
Stiftungsrat und Kuratorium

Biographie

1942
Am 5. Januar in Mailand als Sohn eines Architekten geboren. Sein Vater war einer der Protagonisten des Rationalismus in Italien. Seine Mutter hatte Klavier und Gesang studiert.

1948
Erster Klavierunterricht bei Carlo Lonati, der sofort die außerordentliche Begabung erkennt.

1952
Erstes Konzert in Mailand

1958
Beginnt bei Bruno Bettinelli Komposition zu studieren.

1960
1. Preis des Internationalen Frédéric-Chopin-Wettbewerbes in Warschau.
Seit dieser Zeit ist Pollini ständiger Gast in den großen Musikzentren Europas, Amerikas und Japans und hat mit allen bedeutenden Orchestern und Dirigenten gearbeitet.

1987
Anläßlich der Aufführung des Zyklus der Beethovenschen Klavierkonzerte in New York verleihen ihm die Wiener Philharmoniker den „Ehrenring".

1995
Im Mai eröffnet Pollini das Pierre Boulez Festival in Tokio. Im Sommer wird er von den Salzburger Festspielen mit der künstlerischen Planung des Konzertzyklus beauftragt, dessen Programmzusammenstellung die vielfältigen musikalischen Interessen des Pianisten widerspiegelt.
Ein zweiter ähnlicher Konzertzyklus ist für die Salzburger Festspiele 1999 geplant.

Unter der Vielzahl der mit zahlreichen internationalen Preisen ausgezeichneten Platteneinspielungen befinden sich neben den Werken des klassischen und romantischen Repertoires die Einspielungen der Klavierwerke von Arnold Schönberg, Alban Berg, Anton von Webern, Luigi Nono, Giacomo Manzoni, Pierre Boulez und Karlheinz Stockhausen. Sie demonstrieren Pollinis ausgeprägtes Interesse an der Musik unseres Jahrhunderts.

Helmut Lachenmann

Laudatio von Wolfgang Rihm

gehalten am 4. Juni 1997
im Cuvilliéstheater in München

Jeder bedeutende Künstler fügt seiner Kunst etwas zu: Wunden und neue Aspekte. Die Wunden entstehen beim Eingriff ins Vorhandene, die neuen Aspekte beim Vorgreifen ins Werdende. Beide sind miteinander verbunden, bedeuten stets gleichermaßen Schmerz und Bereicherung. Von weitem – aus der natürlichen Ferne der Rezeption – mag es zuweilen so aussehen, als sei nur eines von beiden am Werk. So kommt es zu Protest oder zu Jubel, die beide in ihrer Einhelligkeit Verdunkelungen sind. Der Protest gegen den Schmerz überschattet meist lange die Reichtümer, die sich verschwenderisch ausbreiten, und der Jubel über einen hauptsächlich wahrgenommenen Reichtum verdeckt oft genug die schmerzhaften Vereinfachungen, denen die Fülle sich verdankt.

Manchmal sagen Klischees, die über einen Künstler im Umlauf sind, mehr als sie dürfen. Sie benennen immer auch den Ort dessen, der für ihren Umlauf sorgt, ebenso wie sie den, der sich ihrem Umlauf entgegenstellt, an seinem Ort erkennbar machen: beide schief und schräg, aber getroffen.

Was heißt eigentlich „Verweigerung" in den Künsten? Was ist ein „unbequemer Künstler"? Sind das nicht zwei vielleicht sehr bequeme Kuscheltiere aus dem Begriffszoo, in dem man Künstler einer gewissen unartigen Art genetisch zu bestimmen sucht, um sie beschriftet auszustellen; vielleicht sogar ausgestopft?

Ist ein Künstler, der bedeutende Werke schafft, ein „Verweigerer" unbedeutender Werke? Sind Brahms und Schubert „bequeme" Komponisten, nur weil uns in diesem Jubeljahr ihre Musik erwartungsgemäß um die Ohren geschlagen werden kann?

Sicher möchte derjenige, der einen Künstler einen „unbequemen Verweigerer" nennt, dereinst beim Großen Gericht auf die Seite der Seligen gerufen werden, zu den Guten, die es richtig gemacht haben. Ab mit diesen, in den Himmel! Sie werden sich dort unter ihresgleichen wohl fühlen: Zaungästen der Kunst, Korrektophilen, Daktylocephalen – was das ist? Humanoide, denen an Stelle des Kopfes ein Zeigefinger hocherhoben aus dem Kragen ragt … Ende der Vorbemerkung. Denn ich habe Helmut Lachenmann und mir versprochen, Heiligenscheine und Wortkapuzen wie „Verweigerer" und „unbequemer Mahner" nicht als Tarnkappen und Zipfelmützen seinem Bilde anzunähern, das in subjektiver Beleuchtung aufscheinen zu lassen die Aufgabe meiner Laudatio sein soll.

Ich habe die Hülsenbegriffe also im Vorgarten liegen lassen und klopfe an Helmut Lachenmanns Tür, in der Hoffnung, ihn anzutreffen. Da öffnet er schon.

In charakteristischer Mischung aus Unterbrochensein und Wiedersehensfreude wird der unangekündigte Gast begrüßt und sofort einbezogen in tiefere Bedeutung und Satire real existierenden Komponierens: Kein Herrgottswinkel bleibt verdunkelt, nichts Lammfrommes ungeschoren, keine Herrschaftsposition wird nicht als Pose nachspielbar, Gast und Gastgeber werden keinesfalls geschont und über allem regnen sich gelachte Tränen ab; die Palindrome rasen, den Reimen bleibt zum Schütteln kaum ein Zucken, die Sprache spricht und gibt soviel großzügig unverstellten Raum frei, daß bejahend artikulierter Widerspruch (wie auch das plötzliche Fast-zu-ernst) als natürliches Einrücken der Perspektive zur Atmung des Umgangs miteinander gehört. „Ja, aber die Musik ist nicht tot!" höre ich mich bejahend widersprechen. Denn was tot ist, ist tot. Und Totsein heißt immer auch Totbleiben. Es sei denn, „ein Gott könnte sie erwecken und Du sagst selbst: Ich hasse den Messias in den Künsten". Vielleicht ist die Musik nur leblos, oder stellt sich tot? Sie lebensvoll zu machen oder sie so lange zu kitzeln, bis sie aufspringt – das sollte uns eher möglich sein als das Totenerwecken. (Einem Hanswurst gelänge das noch weniger als einem Messias.)

Aber da habe ich vielleicht das Sprachbild zu wörtlich genommen. Helmut Lachenmann sprach es ja auch in einen höchst symbolischen Raum hinein: in den eröffnenden Festakt der eben noch bedrohten Donaueschinger Musiktage 1996, mittenhinein in die Gemeinschaft der Bedroher und Retter: hubschraubererwartende Politiker, abrufbereite Vertreter der Industrie und des öffentlichen Lebens, Förderer der Gegenwart, Wohlgesinnte, Interessierte, einige Freunde. Jeder wird sich von der toten Musik ein anderes Bild gemacht haben. Der eine wird die Drei Tenöre gesehen haben, deren Triumvirat vom gleichzeitigen Herzschlag gefällt nach hinten kippt, dem anderen wird sich eine in der Lagune Venedigs versinkende Nono-Partitur vor die schwindenden Sinne gespiegelt haben. Der Tod hat viele Gesichter und deshalb ging der Festakt dann auch zu Ende, ebenso die Donaueschinger Musiktage, und der Blick war wieder frei: auf ein lebloses Musikleben, wo in leblosen Ritualen leblose Teile einst lebendiger Körper an Unbewegliche verfüttert werden?

Hatte Lachenmann also recht behalten?

Helmut Lachenmann bei den Proben zu „Mouvement", 1994 in Berlin.

Ja und nein – weil Leben immer heißt, daß der Tod existiert und weil der Tod ohne das Leben eines kläglichen stirbt. Alles, was wir an der Wirklichkeit unseres Musiklebens beklagen oder preisen können, beruht auf freiwilligen und individuellen Entscheidungen. Es wird niemand gezwungen, es so zu machen wie die anderen. Helmut Lachenmann ist das beste Beispiel: seine Bedeutung und sein Ruhm gründen darin, daß er unbeirrt individuell verfuhr. Seine künstlerische Physiognomie steht heute fest umrissen vor uns, weil er in keiner Weise die vorgeprägten Vorstellungen von dem, was Musik zu sein habe, bedient hat. Noch weniger hat er die gängigen Erwartungen an Neue Musik eingelöst. Trotzdem bleibt er dem Ideal abendländischen Komponierens treu und einem emphatischen Begriff des Neuen in der Musik verbunden wie kaum ein zweiter.

Um etwas nicht wahrnehmen zu müssen, muß man nur die bewußte Wahrnehmung reduzieren. Jede Erweiterung der Wahrnehmung erhält dadurch sofort den Charakter der Störung. Eine Kunstform, die wie die Musik Helmut Lachenmanns mit einer subtileren Wahrnehmung rechnet, gerät in vorbereitete Konflikte. Der Musikbegriff ist meist partikular spezialisiert, also auch das Gehör auf ein bestimmtes Hören eingerichtet, auf das Hören von Bestimmtem, Bestimmbarem. Jeder Klang wird von Geräuschen begleitet, sie sind das zunächst eher Unbestimmbare am Klang. Aber sie sind präsent wie die Träume im Schlaf, wie Staub und Bakterien an den Körpern, wie das Unbewußte in unseren Handlungen. Präsent als Unsichtbares, Verborgenes, Vergessenes. Genau da setzt Helmut Lachenmann an.

Die Aufmerksamkeit auf etwas derart Verborgenes zu richten, sie überhaupt dafür zu wecken, setzt analytischen Tiefblick voraus, aber auch gestalterische Potenz, da das Aufgespürte einer gestalteten Erfahrung zugeführt werden soll – als Kunst. Die Anamnese bedarf der Inspiration, um gestaltet nach außen zu gelangen; andernfalls bleibt sie trockenes Protokoll, aufgelisteter Laborbericht. Künstlerische Arbeit mit Phänomenen, die – wie Geräusche – sich bisher weitestgehend der Bearbeitung entzogen haben, weil sie, in Wechselwirkung, aus der ästhetischen Aufmerksamkeit herausgefallen waren, setzt eine besonders transformatorische Inspiration voraus, um eine Kunstform, ein wirkungsmächtiges Stück ästhetischer Technik entstehen zu lassen.

Wenn es heute heißt, ein Komponist komponiere Musik mit Geräuschen, ruft das entweder beiläufiges Kopfnicken hervor, denn Geräusche gehören doch schließlich zum normal-modernen Kunstmusikalltag, oder es erzeugt eine Art philharmonischen Schauders, als schmisse einer auf Madonnenbilder mit Lehm. In der Tat wird heute das Geräusch in der Musik entweder als etwas positiv Lustiges, irgendwie befreit Fortschrittliches akzeptiert, wenn es in cool entspannter Zeitgenossenschaftsavantgarde, am besten mit neuen Klangerzeugern, sein flottes Spiel zeigt; oder aber es ist der Furz im Engelskonzert, der diabolus in musica, der Fehler, das schlechterdings Unmögliche: wenn es aus heiligem Gerät wie Geigen und Flöten, Hörnern und Oboen, kurz: aus der Mitte des klassisch-romantischen Orchesters aufstößt.

Helmut Lachenmann hat die ganze Gravitation dieser Arbeitsteilung abbekommen: als Wut über die vermeintlich verlorene Schönheit, den vermeintlich mißbrauchten Klangkörper.
Der frühe Skandal Lachenmanns hatte aber einen einfachen Grund darin, daß er nicht brav vitalistische normal-avantgardistische Geräuschmusik mit den dafür vorgesehenen Gerätschaften machte, sondern, daß er am verbindlichen Ideal klassisch-dialogischen Komponierens festhielt und mit *dessen* Geräuschanteilen arbeitete. Daß er also dem Apparat des großen Symphonieorchesters seine meisten Werke anvertraute – einer der wirklichen, genuinen Orchesterkomponisten unserer Zeit, und daß er klassische Besetzungen wie das Streichquartett zum Medium seiner Erfindung machte, verstärkte die Beunruhigung.

Hätte er im elektronischen Studio Tonbandkompositionen generiert und diese über Lautsprecher dem Auditorium präsentiert – niemand hätte Anstoß an Geräuschanteilen oder an der Klangerzeugung selbst genommen. Man hätte die formale Stringenz und elegante Dramaturgie seiner Kompositionen erleben können, wäre mit einer wesentlichen Dimension des Lachenmann'schen Komponierens aber nicht in Berührung gekommen: seiner Lebendigkeit durch Widerstand. Lachenmanns Musik hat bewußten Ereignischarakter. Deshalb positioniert er die Ereignisse in Ambienti, wo sie durch Reibung, durch Konflikt, aufleuchten.

Das Knirschen am Vertrauten, das Abarbeiten am Überlieferten, das Umwerten des Überkommenen – all das ist in Lachenmanns Musik nicht ein Pensum, das, der Zeitgenossenschaft geschuldet, absolviert wird, sondern es ist verbunden mit der Prägnanz des hic et nunc erzeugten Tones, mit dem Risiko des augenblicklichen Gelingens, dem Wagnis virtuoser Veranschaulichung. In diese Wertigkeiten hinein, *mit* diesen Wertigkeiten, komponiert Lachenmann seine Musik, die immer Ernstfall-Musik ist.

Nach dem Vorbild Schönbergs sucht Lachenmann die Auseinandersetzung mit dem überlieferten Klang- und Affektenrepertoire, um den musikalischen Ausdruck (wie er das einmal formuliert hat*) „nicht einfach abzurufen oder geschickt seitab der vorhandenen musiksprachlichen Mittel anzusiedeln, sondern ihn in der Auseinandersetzung mit diesen Mitteln selbst zu entwickeln". Dadurch erst gerät er in Konfliktzonen, in die ein Komponist, der die Überlieferung (aus Selbstschutz oder aus Schwäche) zu negieren vorgibt, gar nicht erst vordringt. *Weil* Helmut Lachenmann ein äußerst traditionsbewußter Komponist ist, begegnen ihm die Widerstände jener Musiker, deren Biographie in Frage zu stehen scheint – nach ihrem eigenen Selbstverständnis – wenn sie zu Klangproduktionen angehalten sind, wie er sie erfindet. Allerdings dürften sich diese Momente des Widerstandes am ehesten auflösen, sind sie doch an generationstypische Haltungen gebunden, die einem Wechsel ausgesetzt sind. Außerdem wird jede komplexe Musik irgendwann zu Virtuosenfutter – im positiven Sinne: sie speist die erkenntnishungrigen Virtuosen. Und

„Die Ehrung Lachenmanns war zu erwarten gewesen. Er gilt nach wie vor als Symbolfigur des Modernismus und somit als exemplarischer Vertreter der publikumsfernen Avantgarde. Lachenmann selbst verteidigt sich mit standhafter Argumentationslust gegen die meist wenig einfühlsamen Angriffe auf die Sache, die ihm so heilig ist. Noch mehr aber stört ihn die Glorifizierung von der wohlmeinenden Seite, die Gönnerhaltung gegenüber dem kreativen Spinner. Lachenmann suchte in der Musik stets das existentielle Erlebnis, das nackte Betroffensein, und die Bereitschaft dazu fordert er, fordert seine Musik auch von anderen Menschen."

Christoph Schlüren, Applaus, München, Juni 1997

„Verwirrt, beschämt", aber auch „herausgefordert" von der großen Ehre und dem „vielen Geld" des Preises, dankte der sympathisch-bescheidene 62jährige Stuttgarter Preisträger und vergaß dabei auch seine frühen Münchner Wegbereiter und Förderer Fritz Büchtger, Günter Bialas und Herbert Post nicht. Lachenmann gestand, er sei – die tödliche Bequemlichkeit fliehend – weiterhin bereit zum Aufbruch zu Neuem und zum Aufbrechen des Erstarrten.

Gabriele Luster, Münchner Merkur, 6. Juni 1997

die geistige Risikobereitschaft, die diese Musik fordert, wird ihr im Zusammenwirken mit ihrer oft glanzvoll turbulenten Erscheinung stets das Interesse von Interpreten und Hörern sichern. Allerdings von Interpreten und Hörern, denen die Substanz einer Musik aus abenteuerlichem Herzen das Wagnis der Arbeit an ihr wert ist. Denn wie der Komponist sich selbst, so mobilisiert er auch seine Interpreten und Hörer zu vielseitig angespannter Tätigkeit. Das Hörerlebnis formt dies ab: man wird elektrisiert, energetisiert, in höchst vitale Schwingungen versetzt. Dumpfe Weihestunden-Atmosphäre ist Lachenmanns Musik fremd. Ihre einzige Affirmation ist die ihrer eigenen in Bewegung umgesetzten energischen Fragepotenz. Ihr Genuß ist der einer Frische, nicht der einer Betäubung.

Diese Frische beginnt im klanglichen Einzelerzeugnis und im durchreflektierten Vorgang seiner Erzeugung, sie beginnt im Spiel. Die Geräuschkomponenten sind alles andere als wild-subjektive Zutaten, grelle Farbwürze zum Tonsatz.

*Programmnotiz zu „Fassade" für großes Orchester 1973 in: H. L., „Musik als existentielle Erfahrung", Wiesbaden 1996, S. 388

Lachenmann nimmt den Ton ernst, er macht aus ihm die Musik. Aus dem ganzen Ton, dem Ton ganz. Nicht nur aus seinem „schönen" Anteil. Er vergegenwärtigt, daß der Ton etwas Lebendiges ist, daß er organisch ist, ein Gesicht, eine Physiognomie, eine Gestalt, ein Geschlecht hat, daß er aus verschiedenen akustisch wahrnehmbaren Phänomenen besteht und als Individuum – wie der Mensch – nicht nur auf eine lächelnde Visage reduziert werden kann.

Von Maurice Blanchot stammt die wunderbare Klarstellung: „... das Werk ist in besonderer Weise das, woraus es gemacht ist, es ist das, was seine Natur und sein Material sichtbar oder gegenwärtig macht, die Verherrlichung seiner Wirklichkeit."* Diese Verherrlichung seiner Wirklichkeit leistet das Werk bei Lachenmann als geschlossene Form. Auch hierin ist er Erbe der großen europäischen Kunstmusik: Durchgeführte Großformen, Solitäre, erscheinen als Architektur ihrer Durchbildungsvorgänge. In den geräumigen Anlagen herrscht keinerlei Bürokratie, keine Kataloge werden durchbuchstabiert, keine Listen durchgespielt, vielmehr wird das Material spielerisch ernstgenommen: Der Ton hat einen Anfang, eine Mitte, ein Ende. Damit wird komponiert; jedes Ereignis wird von der Autorschaft Lachenmanns verantwortet, und bei jedem Instrument, in jeder neuen Lage, mit jedem neuen Hilfsmittel (besonders im perkussiven Bereich) ergeben sich neue Morphologien. Was geschieht, wenn der Bogen die Saite berührt? Wenn dieser Vorgang verlangsamt wird? Wenn er abgelöst wird und gesondert betrachtet? Wenn mit den Eigenschaften des Tones, die wir sonst als Tonbildung hinnehmen und überhören, begonnen wird zu spielen?

Es ist, als wäre der Begriff der Radikalität zu sich gekommen: Die Ereignisse werden in ihre physischen Anfänge hinein verfolgt, in ihren Wurzeln berührt und dort zum Tanzen gebracht.

Wenn es einen erfahrbaren Ausdruck geben könnte für das umfassende Bewältigen, das sich als historische Aufgabe gerade der deutschen Nachkriegsmusik gestellt hat – das Bewältigen eines für einen einzelnen gar nicht zu bewältigenden Ungeheuerlichen –, dann wäre dieser Ausdruck für mich immer verbunden mit Helmut Lachenmanns liebevoller und sorgsam umsichtiger Beobachtung des verletzlichen Potentials am Beginn der Töne. Das ist ein subjektives Bild, keine objektive Analogie. Ich gebe es hier aber einem vermuteten Wohlwollen anheim – auch dem seinen: Ich sehe Lachenmann an seinen Tönen arbeiten, mit großer Zartheit, bereit zu staunen und zu erschrecken, mit einer grundgroßzügigen Heiterkeit und wachsamen Betroffenheit, und ich erkenne ihn in seinem Tun als Verkörperung unserer besten Möglichkeiten, wie einen Schutz und zugleich ein Versprechen. Eine politische Kraft, der es gelingen könnte, in einem gewissen Rahmen Integration durch Integrität und nicht durch verordnete Moral zu erwirken.

*Maurice Blanchot, „Das Unzerstörbare", München-Wien 1991, S. 41

„Ich stelle mich in die gleiche Reihe von Leuten, die vom Establishment völlig besoffen oder vereinnahmt sind, von Künstlern wie Abbado, Pollini, Holliger oder Birtwistle. Im Moment sage ich umgekehrt: Ein Kuratorium erkennt an, daß es etwas gibt wie die Musik von Lachenmann. Ich werde mich jetzt nicht künstlerisch anbiedern. Aber ich freue mich darüber – Establishment oder nicht – und nutze das Geld, um der Sache zu dienen, der ich mich verschrieben habe."

Helmut Lachenmann,
Abendzeitung, München,
6. Juni 1997

Wir befinden uns unendlich weit entfernt vom Musikbetrieb und seinen Anforderungen und Versäumnissen. Ebenfalls weit entfernt von Einklage und Apologie. Obwohl es auch dorthin Botschaften gibt: Die Ersatzteil- und Garagenmetapher vom „Materialprüfstand" hat naive Gefolgschaft animiert, anzunehmen, es gebe ein „Komponieren auf der Höhe des Materials". Es kann allenfalls ein Material auf der Höhe des Komponierens geben, denn in der Musik wird erst dann etwas zu Material, wenn es angewendet wird. Erst durch kompositorisches Entscheiden kann das Werk das werden, woraus es gemacht ist.

Helmut Lachenmann „nimmt" also nicht Geräusche und wendet sie als aufregende Klangreize an, er nimmt vielmehr das Wesen des Klingens ernst, nimmt es „wörtlich", nimmt den Klang auseinander, schaut ihn mit dem Gehör an und setzt ihn wieder zusammen; dieses mit der Aufmerksamkeit frühkindlichen Spiels und wissenschaftlicher Anamnese gleichermaßen. Das gleichzeitig verwunderte und sezierende Anschauen – das Staunen und das Einschneiden, sowie das Zurückformen der klanglichen Erscheinungen auf ihre Existenz aus Materie – führt bei Lachenmann zu einer – nur bei ihm in dieser Form ausgeprägten – instrumentalen musique concrète. Zu einer Musik der konkreten Klänge, aber *mit* Instrumenten. Diese liefern die Konkretheit. Es ist also unsere Geschichte, die hier als konkretes Objekt Klang abgibt. Das klassisch gewordene Instrumentarium unserer in die Gegenwart verlängerten Musikgeschichte, die durch Lachenmanns Brechungsarbeit eine der wenigen wirklichen Legitimationen erhält, heute noch derart ungebrochen anwesend sein zu können. Denn was vernommen wird und Notschreie auslöst, ist doch wohl nicht der simple Geräuschanteil im philharmonischen Ambiente, sondern das Bruchgeräusch der selbstzerbrechenden Tabus. „Helmut, der Wagen bricht!" – Nein, es sind die Ringe um die Herzen.

Die Hartherzigkeit derart lösen zu können, setzt eine gelassene heitere Grundstruktur voraus. Auch ein Bußprediger findet nur dann Gehör, wenn vernehmbar ist, daß er nicht an gesichertem Besserwissen klebt, sondern ein Abenteurer ist, der etwas aufs Spiel setzt, etwas riskiert. Helmut Lachenmann ist ein heiterer Spieler, ein waghalsiger Abenteurer, der auch mutwillig und angriffslustig sein kann. Et si omnes, ego non. Darin liegt viel freie Kraft. Nur der kann sie nutzen, der gleichzeitig an ihr zweifelt – aber nicht *ver*zweifelt. Helmut Lachenmann gehört zu den großen und glückhaften Naturen, denen es immer wieder gelingt, ihre Zweifel in Werk-Energie umzuformen. Mit all der Vereinzelung und Not, die das mit sich bringt im Augenblick, da es geschieht. Deshalb sitzt Lachenmann auch nicht auf dem Thron eines Systems, der heute

„An Lachenmanns Subtilität brechen sich die Tabus des Traditionellen ebenso wie die des Fortschrittlichen."

nur eine Trickkiste sein könnte, eifersüchtig bewacht. Bei ihm liegt alles offen, für jedermann nachprüfbar. In glasklar geschriebenen Partituren liegen die Funde und Entdeckungen ausgebreitet. Aber wehe dem, der sich daran vergreift. Lachenmanns so sehr persönliche Kunst ist nicht imitierbar. Trotzdem wird er oft nachgeahmt. Vielleicht weil seinem kompositorischen Denken hohe moralische Kompetenz zugewachsen ist. Er ist so etwas wie eine gute Instanz geworden. Aber es wäre schade, er würde entrückt und müßte schweben und nur noch gut sein und frohlocken. An ihm ist Gott sei Dank viel Welt. Und – Vorsicht Zitat! – in ihm ist Liebe. Und er ist ein Geist der rasenden Verbindungen.

Das Grundtempo seiner Musik ist schnell, flüssig, ohne Aufenthalt. Selbst in den „quälend" langen Augenblicken des Stillstandes vernehmen wir den raschen Grund, das schlagartige Aufblitzen der am Grunde eilenden Partikel und deren verborgenen Sog. Es ist jenes Reflexionstempo, das wir aus den Partituren des mittleren Schönberg kennen, wo die Kombinatorik rotiert und die klassischen (auch ermüdeten) Ausdruckstypen in sich hineinreißt, um an der Grenze zum Klassizismus mit ihnen zu kämpfen und sie umzuwerten. Diese Risikobereitschaft müßte Schule machen: Lachenmanns Reichtum an Binnenbezügen bei klarster Durchhörbarkeit. Aber alles was Schule macht, wäre in gewissem Sinne auch eine Schule der Macht: Macht als Vorrang vor dem Nichtkodifizierten.

„Solche Vorrangigkeiten" werden stets aus der zweiten Reihe verteidigt, kaum je von Autoren, meist von selbstbemühten Autoritäten. Dabei wird scharf geschossen, wie die Hülsen im Vorgarten beweisen:

„radikal" ... „rigoros" ... „kompromißlos" ... „unerbittlich". Gutgemeinte aber absolut kunstferne Lieblingsworte aus dem Arsenal unausgelebter Männerphantasien. Einen Künstler dafür zu loben, er sei „unerbittlich" bedeutet nur, daß man selber gerne ein harter Bursche wäre. Dummerweise haben solche Trompeten-Signale den Haupteffekt, daß sie die Fama wecken.

Und so kommt es den überängstlichen Konzertveranstaltern gerade recht, daß sie ihrem Publikum leider keinen Lachenmann zumuten können, weil dessen Musik ja, wie zu lesen steht, „weh tut", weil sie so unerbittlich und kompromißlos und furchtbar radikal sei. Mit dem Ergebnis, daß diese Musik, die zum Anregendsten, Leidenschaftlichsten, Schönsten und Besten gehört, das gegenwärtig komponiert wird, den Hörern vorenthalten wird. Worin dann wieder die unerbittlichen Apologeten die Fratze des Kulturbetriebs am Werk sehen dürfen, die vor der Kompromißlosigkeit und Rigorosität zurückweicht ... ein Teufelskreis. Kommt es dann einmal, wie in den letzten Jahren mehr und mehr, auch durch Veranstaltermut, zur Aufführung eines der großen Werke Lachenmanns, dann ist die Begeisterung des – vorbereiteten – Publikums groß.

Lebendigkeit und Klarheit der Musik überzeugen sofort, denn Lachenmann ist vielleicht der einzige wirklich klassisch komponierende Komponist heute. Das muß näher erklärt werden. Hegel hilft:
„... klassische Schönheit hat zu ihrem Inneren die freie selbständige Bedeutung, d. i. nicht eine Bedeutung von irgend etwas, sondern das sich selbst Bedeutende und damit auch sich selber Deutende. Dies ist das Geistige, welches überhaupt sich selbst zum Gegenstande seiner macht." *

Indem ich diese Kreisbewegung als doppelte Umlaufbahn nachzeichne: Das Sich-selbst-zum-Gegenstande-Machen wiederum zum Gegenstande seiner selbst gemacht – diese Koinzidenz ist synonym für klassische Gestalt –, so finde ich eine Art Grundform von Helmut Lachenmanns Umgang mit dem Lautmaterial seiner Musik. Die hörbare Klangorganisation ist dementsprechend gestaltet: eins antwortet dem anderen. Die Stimmen sind durchweg dialogisch in Ergänzung geformt. So fließt die Energie ungehindert durch alle Etagen des gesamten Klangsatzes, die Instrumente geben einander Materie weiter, nehmen auf, geben ab. Der Satztypus generiert das Tempo qualitativ als seine Eigenbewegung; das Tempo ist nicht irgendeine quantitative Grundstruktur zur Fortbewegung der Klangreize. Man kann das auch sehen: In gelungenen Aufführungen bewegen sich die Spieler in natürlicher Weise zueinander hin und voneinander weg, ein organisches Wogen. Es ist das Ideal des klassischen durchbrochenen Satzes, das in Lachenmanns Musik verpflichtend ausformuliert ist. Die Konsistenz der Musik ist das Ergebnis der Polyphonie aller Stimmen und Bewegungsverläufe, sie ist nicht die Behauptung eines kompakten Einzelentscheids, so komplex dieser auch ausfallen mag.

„Es gibt keine verbindliche Handwerkslehre; jeder Komponist muß selbst seine Schienen legen. Dieser kategorische Imperativ allein bestimmt die ‚Wir-Basis'. Er nährt meine Liebe zur Musik von Nono und Boulez, von Cage und Stockhausen, er bestimmt meine Freundschaft mit Hans Zender, Wolfgang Rihm, Hans Ulrich Lehmann und – bei allen Abgrenzungen – meinen Respekt vor der Musik eines Brian Ferneyhough, Aribert Reimann und eines Wilhelm Killmayer ebenso wie meine gewiß verräterische Schwäche für die Einfälle eines Ennio Morricone, und es mag sein, daß bei jeder Namensnennung ein anderer, gar ein Genannter, schmerzlich zusammenzuckt."

Helmut Lachenmann,
Rondo, München, März 1997

*G. W. F. Hegel, „Vorlesungen über die Ästhetik", Teil II, Frankfurt 1970, S. 13

Höhepunkt dieser meisterlichen Klassizität ist für mich das Ensemblewerk „Mouvement", dessen in Klammern gesetzter Titelzusatz „(– Vor der Erstarrung)" das Geschehen in Anführungszeichen zu setzen scheint, indem dadurch eine expressiv-depressive Dimension beschworen wird, die von der hörbaren Musik fast schon überwunden wirkt. Ich schrieb nach der Uraufführung dieses Stückes einen kurzen Text, in welchem ich – bewegt – unter anderem meine Assoziation an bestimmte Überdrehungsfiguren und Bewegungsdelirien bei Rossini aussprach.

Das mochte zunächst befremden, aber inzwischen weiß ich, daß ich nicht allein so empfand. Der junge französische Musikologe Martin Kaltenecker stellt Helmut Lachenmann in einem sehr schönen Text über dessen zweites Streichquartett „Reigen seliger Geister" * in die Reihe derjenigen Komponisten, „die einen wahrhaft neuen Ton schufen": Monteverdi, Rossini, Wagner, Debussy und „vielleicht Webern". In „Mouvement" vernehmen wir diese durch und durch neue Erscheinungsform von Klang zunächst in vorsichtig tastenden, dann immer überstürzteren Phasen der Bewegung. Vertraute Instrumente ermöglichen das Unerhörte, ein Lehrstück in der Diskussion um sogenannt zeitgenössische Instrumentarien.

An Lachenmanns Subtilität brechen sich die Tabus des Traditionellen ebenso wie die des Fortschrittlichen. Er erreicht die souveräne Loslösung vom festgeschriebenen Typenarsenal: er komponiert geschlossene Werke für sogenannt traditionelle Besetzungen in präzis fixierter, am klassisch-dialektischen Ideal geschulter Satz- und Formkunst – und ist dennoch der Fortschrittlichste von uns allen. Ich will noch persönlicher werden: Die Freiheit, die er sich nimmt, schenkt er uns, seinen Hörern und Kollegen, die wir sie in vollen Zügen gestalten und auskosten können, – wenn wir es können. Seine Nachahmer führt er nicht in die Irre; ihr Weg wird zum richtigen, wenn es ihnen aus eigener Kraft gelingt, ihn zu verlassen. Sein Beispiel lehrt, daß Musik höchster Dignität und Kraft aus Fragen und Ungewißheiten entsteht, nicht aus sicheren Strategien und Schlachtordnungen.

Für mich ist Helmut Lachenmann der zugewandte andere, durch den ich zu mir komme. Ich bin ihm unendlich dankbar dafür.

„Unendlich dankbar" – wiederholt Helmut Lachenmann in charakteristisch gemischter Stimmung: gereizt und liebevoll – „das ist doch auch so eine Hülse, wie die im Vorgarten", und er schiebt mich sanft zur Tür, die er öffnet: „da schau, da liegen sie noch: „radikal" ... „kompromißlos" ... „Verweigerung" ... „unbequem" ..." – „Ach, vielleicht können wir die doch noch einmal brauchen," – sage ich und bücke mich, sie aufzuheben.

---

*Martin Kaltenecker, „Manches geht in Nacht verloren", Fragmente zu Lachenmanns „Reigen seliger Geister", in: „Musik Texte" Nr. 67/68, Januar 1997

Wegen Erkrankung von Wolfgang Rihm trug Hans Peter Jahn die von Rihm verfaßte Laudatio vor.

Dankesworte von Helmut Lachenmann

Was mir die Zuerkennung dieses Preises bedeutet, kann ich nur unbeholfen andeuten: Meiner Privatperson: große Ehre – viel Geld: Nicht ungefährlich für den Charakter und in meinem Fall fatal dazu geeignet, meinen guten schlechten Ruf zu ruinieren.

Dem Musiker bzw. dem Komponisten: Eine Anerkennung, die mich ein bißchen verwirrt, beschämt und – bei allem damit verbundenen Rückblick auf ein sogenanntes Lebenswerk – zugleich herausfordert und weiter verpflichtet. Wobei – bei allem Tatendurst – ich mich längst mit jenem Satz versöhnt habe, den Peter Weiß in seinem berühmten Theaterstück den Marquis de Sade sagen läßt: „Was wir tun, ist nur ein Abglanz dessen, was wir tun wollen" (und alle Lachenmann-Geschädigten werden es zu würdigen wissen, daß ich ausgerechnet den Marquis de Sade hierher bemühe).

Als „homo politicus" schließlich empfinde ich Genugtuung, und ich bin – in aller Demut, versteht sich – über diese Entscheidung begeistert. Denn sie setzt – über meine Person hinweg – zugleich ein Signal für eine Sache, die ich nicht gepachtet, der ich mich aber verschrieben habe. Signal in einer Zeit, in der einem bange werden kann im Hinblick auf den öffentlichen Umgang mit der Kultur hierzulande. Kunst – dort, wo sie auf Förderung angewiesen ist, und wo und wann war sie es nicht? – sieht sich mehr denn je den Kriterien standardisierten Amusements ausgesetzt, einer Bequemlichkeit, vor der ihr die Luft auszugehen droht.

„Der menschliche Geist ist noch nicht am Ende. Kreativität lebt, und Komponieren und Musikmachen ist heute so aufregend und beglückend wie eh und je."
Helmut Lachenmann

Solche Bequemlichkeit in der Kunst ist tödlich. Als kaum weniger verhängnisvoll allerdings empfinde ich die allzuoft naiv dem entgegengehaltene Heroisierung, Mystifizierung des sogenannten „Unbequemen".

Das Gegenteil von „bequem" in der Kunst heißt nicht „unbequem", denn damit hätten wir die Trägheit zum Gesetz gemacht – und Luigi Nono war kein „unbequemer Komponist", und ich selbst wehre mich gegen dieses mir immer wieder verordnete Etikett: Kitschbild des unfreiwilligen Bußpredigers in der Wüste. Schlechte Zuflucht für Frustrationsbedürftige, weiß Gott ein überflüssiger Luxus.

Das Gegenteil von bequem ist vielmehr: bereit zum Aufbruch, bereit zur Erneuerung, bereit auch zum Abenteuer. Und Aufbruch hier in vielfachem Sinn: Aufbruch zu neuen Horizonten des Hörens und daran gebundenen Empfindens, aber Aufbruch auch im Sinne von „etwas Aufbrechen" dort, wo der unsichtbare Käfig verfestigter Konventionen den Geist zu lähmen droht.

Ich verspreche mir alles von solcher Bereitschaft zum Aufbruch und zum Aufbrechen. Sie führt uns Komponisten in Einsamkeiten, die uns radikal voneinander trennen, denn jeder hat seinen eigenen Weg zu finden – und die uns zugleich verbinden, verbinden sollten – denn was uns treibt, ist dasselbe: die Suche nach lebendiger, uns verbindender Musik, nach Kunst als sinnlich erfahrbarer Botschaft von der Freiheit des Geistes.

> „Ausgerechnet der spröde Lachenmann erhielt gerade den bedeutendsten und höchstdotierten Musikpreis, den der Ernst von Siemens Stiftung. Er steht da nun in einer Reihe mit Komponisten wie Britten, Messiaen, Boulez, Carter, Lutosławski, Stockhausen, Bernstein, Berio, Henze, Holliger und Ligeti – global arrivierten also. Um so mehr ist die Entscheidung, ihn auszuzeichnen, auch als Würdigung eines Lebenswerks zu sehen, das kompromißlos einzig seiner eigenen, durch und durch ungemütlichen Ästhetik verpflichtet ist."
>
> Gerhard R. Koch,
> Frankfurter
> Allgemeine Zeitung,
> 25./26. Januar 1997

Und so kreativ motiviert, war ich von jeher wohl kein bequemer aber letztlich ein glücklicher Komponist, auch dies im doppelten Sinne: Glücklich wie ein Entdecker, glücklich wie ein Bergsteiger – aber als solcher zugleich immer wieder „glücklich davongekommen" beim Überwinden von Hindernissen, Ausweglosigkeiten, Lähmungen, Angst. Und ich bin überzeugt: Alle hier anwesenden Komponisten wissen, wovon ich spreche.

Glücklich aber auch im Begegnen mit Freunden, und was Wolfgang Rihm hier mit seiner Laudatio dokumentiert, das ist ein solches Beispiel von Verbundenheit zwischen Wanderern auf verschiedenen Wegen.

Meine Damen und Herren,

ich bin mir meines eigenen Parasitentums als Liebe- und Sympathien-Verbrauchender wohl bewußt. Den Lebenden kann ich noch irgendwie danken, aber die nicht mehr Lebenden gehen mir in diesen Tagen mehr denn je im Kopf herum. Und ich möchte drei Namen nennen, weil meine ersten Bewegungsversuche als Komponist hier in München, wo ich im Anschluß an meine venezianische Lehrzeit bei Luigi Nono wohnte, ohne sie nicht möglich gewesen wären:

Fritz Büchtger, in dessen Studio für Neue Musik, unter eingeschränktesten Bedingungen, ich meine Musik zum erstenmal überhaupt hören konnte, und der dem entwurzelten Venedigheimkehrer so ein Forum bereitstellte; befremdet gewiß, aber gütig teilnehmend, vermutlich geleitet von dem Satz aus Shakespeares „Hamlet": „Ist dies schon Wahnsinn, hat es doch Methode"...

Günter Bialas, der sich allenthalben großherzig für mich einsetzte und mein Komponieren, aus der Sicht einer älteren Generation, wie ein Freund begleitete: ermutigend und ermahnend. Er bleibt für mich das eindrucksvollste Beispiel von anspruchsvoller Toleranz. Er war einer von denen, denen ich's so gern „bewiesen" hätte.

Schließlich der Name des Mannes, dem ich seinerzeit über ein Jahrzehnt lang hier in München ein Heim und eine Geborgenheit verdankte, ohne welche ich sonst auf Broterwerb hätte sinnen müssen und nur mit halber Kraft hätte komponieren können: Herbert Post, Buchkünstler, Schriftkünstler und lange Zeit Direktor der Münchner Akademie für das Graphische Gewerbe – vielen Hiesigen unter Ihnen bestimmt noch vertraut. Was ich ihm verdanke, läßt sich mit ein paar Sätzen nicht beschreiben. Er hat an meine Musik geglaubt, als es die noch gar nicht gab.

Ich danke der Ernst von Siemens Stiftung für ihr kunst- und geistförderndes Wirken. Ich danke dem Kuratorium für eine Entscheidung, die mich ehrt, beschämt, herausfordert. Ich danke Wolfgang Rihm und bin traurig, daß er nicht da ist.

Ich danke Hans Peter Jahn, der sich kurzfristig zur Verfügung gestellt hat – auch er ein langjähriger kostbarer Freund – und ich nehme die Gelegenheit wahr, Péter Eötvös und den großartigen Musikern des Ensemble Modern zu danken: seit über 15 Jahren treffen sich immer wieder unsere künstlerischen Wege.

Und ich danke Ihnen hier im Saal. Ich fühle mich reich beschenkt nicht zuletzt dadurch, daß Sie hier sind, und der Zuwendung, die ich spüre, kann ich kaum anders gerecht werden als dadurch, daß ich sie genieße, auskoste, sie erwidere, so gut ich kann – und weiterkomponiere.

Text der Verleihungsurkunde

**Die Ernst von Siemens Stiftung verleiht
Helmut Lachenmann
den Ernst von Siemens Musikpreis**

Mit ihrer diesjährigen Auszeichnung ehrt die Ernst von Siemens Stiftung einen Komponisten, der wegen seiner kompromißlosen Eigenständigkeit zu den bedeutendsten Komponisten der Gegenwart zählt.

Helmut Lachenmann hat sein unverwechselbares musikalisches Denken in stets neuen musikalischen Formen ausgedrückt. Die technischen und philosophischen Anstöße, die von seinem Werk ausgehen, werden weltweit diskutiert und sind Vorbild für viele junge Komponisten. Die zahlreicher werdenden Aufführungen seiner Musikwerke finden ebenso begeisterte Aufnahme wie sie leidenschaftliche Kontroversen auslösen.

Durch seine radikale Poetik gelingt es Lachenmann, Musik von großer Schönheit zu erfinden, einer Schönheit, die nicht aus dem wiederholten Gebrauch bereits verbrauchter Gesten gespeist ist, sondern frei und unverbraucht zu den Menschen spricht. Daß es Lachenmann zudem gelingt, diese freie Sprache strukturell bis in ihre feinsten Bestandteile durchzuartikulieren, macht ihn zum Erben jener großen Tradition, die von Beethoven über Brahms zu Schönberg und Nono führt.

München, 4. Juni 1997
Stiftungsrat und Kuratorium

Biographie

1935
Am 27. November in Stuttgart geboren

1955–1958
Studium an der Musikhochschule Stuttgart:
Klavier bei Jürgen Uhde
Theorie und Kontrapunkt bei Johann Nepomuk David

1958–1960
Kompositionsstudium in Venedig bei
Luigi Nono

1961–1973
Gastvorlesungen an der Ulmer Hochschule für Gestaltung

1965
Arbeit im elektronischen Studio der Universität Genf
Kulturpreis für Musik der Stadt München

1966–1970
Lehrauftrag für Musiktheorie an der Musikhochschule Stuttgart

1968
Kompositionspreis der Stadt Stuttgart

1970–1976
Dozent für Musik an der Pädagogischen Hochschule Ludwigsburg

1972
Koordinator des Kompositionsstudios der Darmstädter Ferienkurse
Bach-Preis Hamburg

1972–1973
Meisterklasse für Komposition an der Universität Basel

1976
Berufung an die Musikhochschule Hannover

1978–1982
Dozent bei den „Cursos Latinoamericanos de musica contemporanea" in Brasilien und in der Dominikanischen Republik

1978–1992
mehrfach Dozent bei den Darmstädter Ferienkursen für Neue Musik

seit 1981
Professor für Komposition an der Musikhochschule Stuttgart

1982
Kompositionsseminare in Toronto

1984
Kompositionsseminare in Buenos Aires, Santiago de Chile und Tokyo

1986
Seminarwoche in Villafranca/Spanien

1987
Workshop in Middelburg/Holland

1988
Workshops in Blonay/Schweiz (gemeinsam mit dem Ensemble Modern) und Weingarten

1989
Seminarwochen in Oslo und am Conservatoire Paris

1992
Vorträge in St. Petersburg

1993
Dozent in Akiyoshidai/Japan, Workshop in der Villa Musica Mainz

1994
Seminarwoche in Wien mit dem Klangforum Wien

seit 1983
Programm-Schwerpunkte bei Festivals und Konzertreihen im In- und Ausland, u. a. Holland Festival, Steirischer Herbst, Pariser Festival d'Automne, Züricher Tage für neue Musik, Tage für neue Kammermusik, Witten, Wien modern

1997
Uraufführung der Oper „Das Mädchen mit den Schwefelhölzern" in der Hamburger Staatsoper

György Kurtág

Laudatio von Roland Moser

gehalten am 18. Juni 1998
im Cuvilliéstheater in München

Wer möchte heute nicht einstimmen in ein Loblied auf György Kurtág? – Aber woher kommt nun plötzlich diese Einmütigkeit? Ist sie nicht beinahe verdächtig? Gibt es nicht so eine allgemeine Übereinkunft, Große zeichneten sich dadurch aus, daß an ihnen die Geister sich scheiden?

Gewiß, die paar Buhs sind noch im Ohr, die am 14. Dezember 1994 nach der Uraufführung der tiefgründigen „Stele" in der Berliner Philharmonie den verdutzten Komponisten trafen, aber es wäre gewiß zuviel der Ehre, bei dieser vorschnellen Abonnentenpublikumsreaktion von einem Sich-Scheiden-der-Geister zu reden. Am folgenden Abend schon, als das Konzert wiederholt wurde, war ja die Einmütigkeit wiederhergestellt, diese Einmütigkeit, die eben etwas Beunruhigendes, fast schon Provozierendes hat.

Ob wir die Mechanismen eines perfekt laufenden Musikbetriebs noch richtig erkennen, wenn wir erwarten, eine neue Stimme mache sich besonders vernehmbar über den Widerstand, der ihr entgegentritt? Eine andere, beklemmendere Erfahrung dieser Stimme könnte typischer sein für unsere Zeit: das Gefühl, ins Leere zu sprechen; in eine Leere aber, die wir uns nicht leer, sondern vollgestopft, resonanzlos vorzustellen haben. Vielleicht nicht ganz resonanzlos, immerhin mag sich doch ein kleiner Kreis bilden, ein fast familiäres Gespräch entstehen.

Warum wohl wurde die Stimme von György Kurtág lange Zeit nur in einem relativ kleinen Kreis gehört? Es wird dafür etliche Gründe geben, zufällige und offensichtlich zwangsläufige. Einigen sei kurz nachgegangen, weniger der Anekdote als des Beispielhaften wegen.

Im Hinblick auf voreilig geschriebene Musikgeschichte werden tonangebende Leitfiguren im allgemeinen immer noch auf Orchesterpodien und in Opernhäusern ausgemacht, auf repräsentativen Bühnen; allenfalls gelten – oder galten – noch alternative Aufführungsmodelle als zukunftsträchtig.

1968 zum Beispiel waren das besonders gern Wandelkonzerte, oder auch Gruppenkompositionen. Da erinnere ich mich an den 1. September, den Sonntag der 23. Darmstädter Ferienkurse, als die „Musik für ein Haus", eine Kollektivkomposition des Stockhausen-Kurses (mit Teilnehmern aus 14 Ländern) aufgeführt, als Hauptereignis dokumentiert und in die Darmstädter Geschichte dieses Jahres eingeschrieben wurde.

Elf Tage vor diesem idyllischen Darmstädter-Sonntag waren Truppen der Warschauer-Pakt-Staaten in die Tschechoslowakei einmarschiert, und vier Tage nach dem Sonntag traf – über abenteuerliche Umwege – das „Ungarische Kammerensemble Budapest" in der Darmstädter Stadthalle ein. Auf seinem Konzertprogramm standen Werke von sechs ungarischen Komponisten, darunter ein Hauptwerk Kurtágs, die eben fertig gewordenen „Sprüche des Péter Bornemisza" op. 7. Die Ratlosigkeit einer Mehrheit des unvorbereiteten Darmstädter

1998 György Kurtág

Kurspublikums und – sofern sie nicht schon abgereist war – der „Fachwelt" gegenüber dem anwesenden Komponisten und den Interpreten dieser vierzig Minuten dichtester Musik – für bloß eine Sopranstimme und ausschließlich auf den Tasten gespieltes Klavier – ist mir in lebhafter Erinnerung geblieben.

Diese Musik konnte damals noch kein repräsentatives Zeichen setzen. Sie wirkte wie von einem anderen Planeten, keinem neuen übrigens, so dachte man damals, sondern einem, dem man sich entronnen wähnte; voreilig, wie wir heute zu wissen meinen.

Als mehr als zwölf Jahre nach jenem Darmstädter Auftritt bei der Pariser Uraufführung der „Botschaften des verstorbenen Fräulein R.V. Trussova" op. 17 das Podium für die fast 20 Ausführenden endlich groß genug geworden war, und kurze Zeit später gar Pierre Boulez selbst das Werk dirigierte, setzte ein, was man den großen internationalen Erfolg nennt, der seither immerzu gewachsen ist.

Was war geschehen? Gewiß, es gab von Kurtág nun auch Werke für größere Bühnen, gar für weite Räume, in denen er seine Spielergruppen so gern verteilt. Aber vielleicht wurde jetzt – in diesen weiten Räumen – noch etwas anderes entdeckt: die Nähe.

Die seltsame Nähe dieser Klänge, dieser klingenden Gesten.

Wie sind wir erschrocken, als im großen Konzertsaal die Musik zu uns sprach wie die Stimme eines Freundes. In keiner Musik seit Webern hatte ich eine solche Nähe zum Klang, zum unmittelbaren Laut verspürt. Eine ebenso bewegende wie rätselhafte Erfahrung.

Jahre später las ich in den „Fragmenten aus dem Nachlasse eines jungen Physikers" von Johann Wilhelm Ritter, einem Novalis-Zeitgenossen, folgenden Passus, der mir vorkam, als beziehe er sich auf Kurtágs Musik, obschon er vor fast zweihundert Jahren geschrieben wurde:

„Töne sind Wesen, die einander verstehen, so wie wir den Ton. Jeder Akkord schon mag ein Tonverständnis untereinander sein, und als bereits gebildete Einheit zu uns kommen. Akkord wird Bild von Geistergemeinschaft, Liebe, Freundschaft, usw. Harmonie, Bild und Ideal der Gesellschaft (...) Außerdem aber, daß wir an dem Tone und an der Musik unser Bild und Ebenbild haben, haben wir auch noch unsere Gesellschaft, eine Begleitung, an ihnen, denn im Tone gehen wir mit unseresgleichen um (...) Komponisten (...) verwalten ein ganzes dem Menschen verwandtes Geschlecht; seine Diener und seine Engel lassen sie erscheinen, und auch seine Teufel können sie aufrufen."

Von diesem Vorverständnis der Töne selbst dürfen wir immer ausgehen, wenn wir über Kurtágs Eigenheiten sprechen. Er erfindet nicht wie ein allmächtiger Gott die Musik ganz neu, er begibt sich vielmehr in ihre Gesellschaft, lauscht ihr Wendungen ab und provoziert sie zu neuen, leidet, freut und fürchtet sich in ihr. Fast nie kommandiert er. Strategien mag er nicht.

„Damit begann Kurtágs erstaunlicher Triumphzug – nur noch vergleichbar mit der etwa gleichzeitigen Entdeckung der Musik Giacinto Scelsis und Conlon Nancarrows, Komponisten, die, wie auch Kurtág, jenseits des Mainstream standen und deshalb erst sehr spät bemerkt und anerkannt wurden. Ein Triumphzug übrigens, der 1993 zu einem Porträtkonzert bei den Salzburger Festspielen führte und nun mit dem diesjährigen Siemens Musikpreis seinen äußeren Höhepunkt findet."

Reinhard J. Brembeck,
Süddeutsche Zeitung,
18. Juni 1998

„Ich kenne ziemlich viel zeitgenössische Musik", schreibt Reinbert de Leeuw, Gründer des niederländischen Schönberg-Ensembles, über György Kurtág. „Aber die wahren Entdeckungen sind, wenn ich auf Musik stoße, die ich mir nie vorgestellt habe, weil ich sie mir gar nicht hätte vorstellen können. Ein solcher Augenblick verändert unsere Sicht von Musik, von da an heißt Musik für uns etwas anderes als davor. Von dieser Art ist Kurtágs Musik."

Münchner Merkur,
16. Juni 1998

Aufmärschen, Paraden geht er aus dem Weg. Deshalb fehlen die ganz großen Formen in seinem Werk, diese konzeptuellen Verfügungen der Strategen.

Statt dessen finden wir immer wieder Dialoge: ja, auch ein „Kleines Gespräch mit dem Teufel", oder – im „Officium breve", einer Art Requiem in 15 Sätzen für Streichquartett – ein Doppelgespräch mit Endre Szervánszky und Anton von Webern. Nicht nur Töne, Akkorde, Rhythmen bilden jene Geistergemeinschaft. In ihr leben auch Komponisten; deren Namen lauten etwa Monteverdi, Mussorgskij, Bach, Schumann, Machaut, Verdi, Bartók, Beethoven, Stockhausen, Schubert, Ligeti, Brahms, Debussy, Schütz, Mozart, Strawinsky, Berg ..., aber nicht als historische Größen, eingeordnete, sondern in Augenblicken ihres Werks, Nervenpunkten musikalischen Ausdrucks.

Wer je an einem Interpretationskurs Kurtágs teilgenommen hat, wird bestätigen können, wie er aus der Mitte dieser Geister heraus argumentiert, beschwört, fordert, sie hier für eine Tonverbindung, dort für einen Akzent oder eine Pause gegenseitig füreinander oder beispielhaft für seine eigene Musik zeugen läßt. Sie stehen dann fast sichtbar neben ihm.

Wenn in diesem Zusammenhang gern von „Traditionsbezug" gesprochen wird, mag das zwar richtig sein, doch wird das Wort meistens falsch verstanden. Es geht hier nicht um historisches, kodifiziertes Wissen, sondern um ein unmittelbares Geschehen, als ob die Sache hier und jetzt erfunden wäre. Für einen Augenblick mag der Eindruck entstehen, es gebe nur **eine** Musik, glühend heiß und riskant wie eh.

„Er erfindet nicht wie ein allmächtiger Gott die Musik ganz neu, er begibt sich vielmehr in ihre Gesellschaft, lauscht ihr Wendungen ab und provoziert sie zu neuen, leidet, freut und fürchtet sich in ihr."

Deshalb, dieser Wärme wegen, ist Kurtág für Theoretiker der Postmoderne unergiebig. Vieldeutiges beabsichtigt er nicht, auch nicht lockere Verweise auf dieses und jenes. Zitate im üblichen Sinn sind bei ihm sehr selten. Diese Behauptung bedarf freilich der Erklärung: Kaum ein Komponist hat so viele „Hommages" geschrieben wie Kurtág. Durch die sieben Hefte „Jatékók", Spiele für angehende und bestandene Klavierspieler, geistern allenthalben Ahnen und Zeitgenossen in schönster Eintracht durcheinander. Ein vorweggenommener Komponistenhimmel ist das.

Im ersten Heft begegnen wir schon auf der vierten Seite Giuseppe Verdi („caro nome ..."). Aber was macht Kurtág? Er zerlegt zunächst bloß fallende C-Dur-Tonleitern in Sprüngen über die drei höchsten Oktaven des Klaviers, immer sieben Töne zunächst. Und – ich mutmaße – da fiel ihm plötzlich der Anklang an Gildas berühmte E-Dur-Arie im zweiten Rigoletto-Akt auf. Kurtág wäre also überraschenderweise Verdi an einer Wegkreuzung begegnet, als er eigentlich bloß mit der C-Dur-Tonleiter spielen wollte. Aber wie war Verdi an die Wegkreuzung gelangt? Hatte er vielleicht auch bloß ...?

Jetzt sind wir endlich an einem zentralen Punkt, von dem aus vielleicht auch jenes Gefühl der Nähe besser erklärt werden könnte.

Bloß allereinfachste Elemente finden wir an der Basis von Kurtágs Schreibweise. Skalen zum Beispiel, nicht einmal raffinierte, C-Dur eben oder die Chromatische, steigende, fallende oder abwechselnd gegenläufige Leitern, sogenannte Fächer, oder Trichter, wie er sie nennt. Ferner – jetzt ins Harmonische projiziert – Quintenketten oder nachbarschaftliche Tontrauben, zusammen oder nacheinander, beisammen oder im Tonraum verteilt; und – offensichtlich von größter Bedeutung – eine besondere Intervallkonstellation mit übermäßiger Oktave um eine oder zwei große Terzen. Im Opus Eins, dem emphatisch gesetzten Neuanfang aus dem Jahr 1959, dem Streichquartett, können wir fast alle diese Elemente bereits in den ersten drei Takten, in den ersten sieben Sekunden finden. Als ob der Komponist schon hier um die Bedeutung dieser Grundelemente für alles Kommende und darüber hinaus um die Kraft des Anfangs überhaupt gewußt hätte.

Es sind ganz wenige Dinge, die diese Basis bilden, beinah habe ich das Gefühl, ich könnte sie an den Fingern abzählen, an den Fingern meiner Hände, mit denen ich diese Musik manchmal greifen zu können glaube.

Ich habe jetzt nur von Tönen gesprochen, nicht vom noch Wichtigeren, den Rhythmen. Über die Rhythmen sagte mir Kurtág einmal, vielleicht gebe es gar nicht so viele. Wie sollte ich das verstehen? Haben wir im 20. Jahrhundert nicht eben gelernt, über die einfachen binären und ternären Teilungen hinauszukommen in Bereiche von scheinbar fast unbegrenzter Differenziertheit? Die Notation ist dabei zum Maßstab des Möglichen geworden: Was wir schreiben können, wollen wir von den besttrainierten Virtuosen dann gespielt hören.

Kurtág verlangt das Gegenteil: höchste Differenzierung von Rhythmen, die man gar nicht aufschreiben kann, für die wir das Maß aber in uns selbst tragen müssen. An der Basis sind auch hier wenige Grundelemente, die etwa in der Gebärde, im Tanz oder in der gesprochenen Sprache verankert sind. Zum Beispiel ein Trochäus: lang – kurz, haben wir in der Schule gelernt, oder betont – unbetont. Sándor Veress sprach aber auch von „ungarischen Trochäen", und die sind kúrz – laňg. Schon im Metrischen, und viel mehr noch in der rhythmischen Gestalt, können einzelne Zeitwerte erstaunlich variabel sein, sofern die Gewichtsverhältnisse richtig sind.

Man wird meine etwas abstrakten Darlegungsversuche besser verstehen, wenn wir uns einen gut gespielten Wienerwalzer vergegenwärtigen. Welch fabelhafte Variationsbreite liegt in diesen wenigen Grundrhythmen. Aber nicht irgendwelche Variationen sind das: Wir spüren genau, wann sie stimmen oder nicht stimmen, wir besitzen also ein äußerst präzises Maß dafür in uns. Und es läßt sich eben nicht aufschreiben.

György Kurtág hat für seine delikatesten, eigensten Rhythmen eine Notationsweise erfunden, die in ihrer grundsätzlichen Neuheit noch kaum erkannt wurde. Der zunehmenden Differenzierung und Komplizierung der Notenschrift in den letzten Jahrhunderten setzt er etwas scheinbar Einfaches entgegen. Doch was er tut,

Bei der Preisverleihung im Münchner Cuvilliéstheater: Wieland Schmied, Präsident der Bayerischen Akademie der Schönen Künste, Márta und György Kurtág.

ist für die Interpreten zunächst gar nicht einfach: er entzieht ihnen den festen Boden der Zahlenproportionen. Eine schwarze Note, eine weiße Note: kürzer, länger; eine schwarze mit Fähnchen, eine viereckige weiße: noch kürzer, noch länger. Darüber ein kleiner Bogen für eine Dehnung, ein umgekehrter für eine Verknappung. Die Zeichen sind ja nicht neu, deshalb sprechen sie zu uns, sie sind aber aus dem Zahlencode entlassen.

Wie sind diese Rhythmen zu spielen? Gibt es da noch richtig und falsch? Gewiß doch, nur kann die Begründung nicht immer mit Meßdaten geliefert werden. Das ist wohl auch der Sinn der Sache: Erst wenn eine Stelle begriffen ist, mit ihrem vollen Ausdrucksgehalt, kann die rhythmische Gestalt erkannt und dargestellt werden, nicht umgekehrt.

Kurtág ist nichts für ungeduldige Interpreten, die sich rasch ins Bild setzen wollen. Die unendlichen, manchmal auch verzweiflungsvollen Probezeiten, die er für seine Werke braucht, sind legendär. Als Pierre Boulez einmal schnell wissen wollte, ob eine Pause oder ein Klang nun kürzer oder länger, ein Tempo rascher oder langsamer gemeint sei, erhielt er Kurtágs Antwort einige Jahre später, in jenem wunderbaren zweiten Teil der „Kafka-Fragmente", der mit „hommage-message à Pierre Boulez" untertitelt ist und dessen Worte heißen: „Der wahre Weg geht über ein Seil, das nicht in der Höhe gespannt ist, sondern knapp über dem Boden. Es scheint mehr bestimmt, stolpern zu machen, als begangen zu werden."

An dieser Stelle muß vom Interpreten Kurtág die Rede sein, und vom Lehrer.

Es ist auch der Moment, der es mir unmöglich macht, nicht endlich von Márta Kurtág zu sprechen. Der Ernst von Siemens Musikpreis ist noch nie einer Frau verliehen worden, auch nie einem Paar. Hier möchte ich versuchen, wenigstens in meiner kleinen Rede auf Márta Kurtágs Bedeutung hinzuweisen, auf ihre Bedeutung nicht nur für das Wohlergehen ihres Gatten, sondern für sein Werk und für sein Wirken als Lehrer, für unser Wohlergehen somit.

> „Wohl selten hat die internationale Musikwelt so einstimmig positiv reagiert, als der Laureat des hochdotierten Siemens Musikpreises bekannt wurde: György Kurtág ist der Auserwählte, gewissermaßen der Musik-Nobelpreisträger anno 1998 – und man kann sich eigentlich keinen besseren vorstellen. Denn so uneitel Kurtág als Persönlichkeit ist, so klar und überzeugend ist seine Musik."
>
> Adrian Cecil,
> Süddeutsche Zeitung,
> 17. Juni 1998

Wir hatten gestern abend an diesem Ort Gelegenheit, das Zusammenspiel der beiden am Klavier zu bestaunen, diese spannungsvolle Übereinstimmung, gebildet aus einem über fünfzig Jahre währenden Zwiegespräch, das sich immer wieder mit Überraschungen erneuert. Allen Werken Kurtágs ist dieses Zwiegespräch zugut gekommen. Keine Note geht von seinem Tisch, die nicht von Márta mitgedacht, erwogen, kritisch begleitet worden wäre. Ihr Wissen etwa um die Geheimnisse von Singstimmen ist enorm, ihr Gefühl für formale Probleme untrüglich. Inmitten einer Musikwelt, die so gern von früherer Unaufmerksamkeit in momentane blinde Verehrung umkippt, hat ihr liebevoll kritischer Blick etwas ungemein Erfrischendes.

In den vielen Interpretationskursen, die heute in aller Welt stattfinden, nachdem sie über Jahrzehnte innerhalb der Liszt-Akademie in Budapest mehr als eine Generation ungarischer Interpreten geprägt haben, spielt Márta Kurtág eine ganz eigene Rolle. Wenn sie nicht selbst höchst kompetent mit Kursteilnehmern arbeitet, sitzt sie, die Aufmerksamkeit selbst, im Raum, gern ein bißchen beiseit und immer den Überblick bewahrend, aufkommende Spannungen sofort spürend und sie hie und da mit einer erlösenden Bemerkung in förderliche Bahnen lenkend.

György Kurtág hat – wie Bartók, Strawinsky und Dallapiccola – nie Komposition unterrichten wollen. Er behauptet, nicht so gut Partituren lesen zu können. Darin liegt gewiß eine gute Portion Understatement, aber auch ein Grad an Ehrlichkeit, den sich nicht alle Kompositionslehrer leisten können. Kurtág zieht es vor, mit Interpreten zu arbeiten. Das können Kammermusikgruppen oder Einzelne sein, die er unterrichtet, oder weltberühmte Ensembles und Solisten, mit denen er probt. In der Arbeitsweise habe ich da eigentlich nie einen großen Unterschied bemerken können.

Die Aufgabe der Interpreten sollten wir uns nicht einfach als eine die Arbeit des Komponisten fortsetzende vorstellen. Sie ist – im Idealfall – die Komposition noch einmal. Von vorn. Aus dem Anfang heraus, gerade diesem. Ein Tonpaar wird gesetzt, Zeit beginnt, der Raum öffnet sich, drei Töne sprechen hinein, jambisch, erweitern ihn nach unten; aus der Ferne, von den Grenzen her, antworten zwei Töne, Echo und Auflösung in einem. „Blumen die Menschen, nur Blumen …", das Bornemisza-Wort steht über dieser Komposition aus sieben Tönen und zwei Pausen. Das ist freilich keine „Neue Einfachheit". Es ist überhaupt nicht einfach. Analysen würden Dutzende von Seiten füllen und nicht einmal viel helfen für das Spiel, das gleichsam vom Himmel zur Erde reichen muß, mit sieben Tönen und zwei Pausen. „Verwegner! möchtest von Angesicht zu Angesicht die Seele", heißt es im Hölderlin-Lied „Gestalt und Geist". Der Weg zum Spiel von sieben Tönen und zwei Pausen kann beschwerlich sein, besonders für Virtuosen. Für Komponisten kann ich mir keinen besseren Kursus vorstellen, als Kurtág zuzuhören, zuzuschauen, wie er so etwas erarbeitet mit verständigen, „gutmütigen" Interpreten.

Die Aufnahmen von Kurtágs Werken, die unter seiner und Mártas Obhut entstanden sind, bilden natürlich eine wichtige Ergänzung der Partituren. Musikerinnen, Musiker, die über viele Jahre mit den beiden gearbeitet haben, bürgen für Authentizität. Zoltán Kocsis, Adrienne Csengery, Márta Fábián, András Keller seien hier genannt. In den letzten Jahren sind viele wichtige Namen, die ich hier nicht alle nennen kann, zum inneren Kreis, zur „Familie" gewissermaßen, dazugekommen. Aber so viele schöne Aufnahmen wir auch haben, man kann keine Resultate imitieren, der Weg bleibt immer derselbe, er beginnt vorn, ganz vorn und führt soweit es eben geht; und, wenn es nicht mehr geht, noch ein bißchen weiter.

Weit gehen, um nahe heranzukommen. Wir kehren zum Ausgangspunkt zurück, zu jener geheimnisvollen Nähe, die Kurtágs Musik uns spüren läßt. Nicht, weil alles an ihr noch unerhört wäre, ist diese Musik so neu; nein, sie ist neu, weil in ihr Vertrautes nicht als das Gewohnte, sondern als ein frisch Entdecktes erscheint. Die Bloßlegung von Ursprünglichem läßt mich jene vibrierende Nähe spüren, die wohl nicht anders heißen kann als einfach Liebe. In dieser Musik ist die „Frische, die uns leben macht", wie es in einem Webern-Lied heißt. Frische, es braucht wohl nicht mehr erklärt zu werden, die nicht nur den blauen Himmel und die Tautropfen meint, Frische, die auch eine offene Wunde sein kann, Zeugin für das Leid, das Leiden, das unerlöste.

Wenn Kurtágs Stimme nun auch in der weitläufigen Musikwelt ihren ganz eigenen Platz hat, einen Ort in Wurzelnähe, einen radikalen also, so will ich darin vor allem etwas Tröstliches sehen; und ich will denn auch die Einmütigkeit, mit der ihr heute einer der ersten Ränge eingeräumt wird, nicht mehr beargwöhnen.

Der Ernst von Siemens Stiftung danke ich für den guten Entscheid, ihren großzügigen Musikpreis in diesem Jahr György Kurtág zu verleihen.

Nun, schon über das geziemende Ende hinaus, meldet sich noch ein „Erinnerungsgeräusch", ein kleiner Text aus dem Opus 12, der lautet: „Um in der Übung zu bleiben – Es gibt Trost / Ös göbt Tröst / As gab Trast / Is gibt Trist / Us gub Trust / Us gub Trust."

Ich danke Ihnen!

Dankesworte von György Kurtág

„Leidenschaftlich gerne unterrichte ich. Vielleicht bringt es auch den Lernenden etwas, aber hauptsächlich beglückt es mich, wenn ich während der Arbeit tiefer in eine Komposition eindringe und diese wie von innen beleuchten kann."

„Fünfzig Jahre Zwiegesprächsduo Márta und György Kurtág mit zauberischem Erfindungsreichtum, Charme, Tiefgang und Witz."

Leidenschaftlich gerne unterrichte ich. Vielleicht bringt es auch den Lernenden etwas, aber hauptsächlich beglückt es mich, wenn ich während der Arbeit tiefer in eine Komposition eindringe und diese wie von innen beleuchten kann. Und noch etwas beglückt mich: wenn ich jemandem aus Zuneigung eine klingende Botschaft senden kann, sei es auch nur in einigen wenigen Takten.

Seit meiner Kindheit habe ich immer das Gefühl gehabt, daß ich vom Leben mehr bekomme, als ich es verdienen würde. Krampfhaft habe ich mich deswegen bemüht, mit Leistungen diese Schulden zu begleichen. Dabei habe ich mich, trotz dieser Bemühungen, als schuldig empfunden, da ich ja die Anerkennungen im vorhinein erhalten habe. (Diese Gefühle haben übrigens zu meinen manchmal sehr langen Lähmungsperioden in meiner Arbeit beigetragen.)

Jetzt, im Alter, bin ich dankbar für jede Note, die ich noch niederschreiben kann und darf, aber ich möchte mich nicht mehr bemühen, Erwartungen gerecht zu werden, möchte keinerlei Schulden mehr bezahlen, denn ich weiß mittlerweile, daß dies gar nicht möglich ist. (Die Lähmungen sind auch nicht verschwunden – ich konnte mich jedoch so einrichten, daß ich mit ihnen leben kann.)

Natürlich möchte ich mich noch auf größere Abenteuer einlassen, dementsprechend größere Formen schaffen. Ob es mir gegeben ist, das bleibt offen.

Und jetzt möchte ich mich ganz herzlich bei dem Kuratorium der Ernst von Siemens Stiftung für die Ehrung bedanken. Ich danke meinem lieben Freund, Roland Moser, von dem ich so viel gelernt habe, und der mir beistand, als ich noch wirklich unbekannt war – für seine wunderbaren Worte, die mich tief gerührt haben...

Ich danke dem Verlag Editio Musica, der seit den Zeiten von Bálint Varga und heute durch János Demény mir so viel geholfen hat, sowie den Mitarbeitern der Ernst von Siemens Stiftung für ihr Bemühen.

Eigentlich sollte ich jetzt meinen Lehrern und Wegweisern gedenken – auch meiner Mutter, deren Glaube an meine Berufung so stark war (und die so jung gestorben ist) – aber das kann man so oberflächlich nicht behandeln!

So danke ich allen Freunden – bekannten und unbekannten, die heute gekommen sind.

Text der Verleihungsurkunde

Die Ernst von Siemens Stiftung verleiht
György Kurtág
den Ernst von Siemens Musikpreis

Sie ehrt damit den bedeutenden ungarischen Komponisten, den Meister der konzentrierten musikalischen Form und Schöpfer eines konzisen Werkes von größter Eigensprachlichkeit.

In langen Jahren geduldigster Arbeit gelang es Kurtág – zunächst nahezu unbemerkt von der internationalen Musikwelt, dann zunehmend wahrgenommen von einer rasch größer werdenden begeisterten Hörerschaft – seine überaus charakteristischen Gestaltungsmittel auszuprägen und in Werken zuzuspitzen, deren Haupteigenschaft – die Integration der treffenden Klanggeste mit einer abgründigen formalen und gedanklichen Tiefendimension – sich sofort klar und allgemeingültig erschließt.

München, 18. Juni 1998
Stiftungsrat und Kuratorium

Biographie

1926
Am 19. Februar in Lugos geboren (jetzt Lugoj, Rumänien)

1940
Klavierunterricht bei Magda Kardos und Kompositionsstudium bei Max Eisikovits in Temesvár (Rumänien)

1946
Umzug nach Budapest und Einschreibung bei der Ferenc Liszt Musik-Akademie. Kompositionsstudium bei Sándor Veress und Ferenc Farkas, Klavier bei Pál Kadosa und Kammermusik bei Leó Weiner.

1948
Ungarischer Staatsbürger

1951
Beendigung der Studien in Klavier- und Kammermusik

1954
Erkel-Preis vom ungarischen Staat (auch 1956 und 1969)

1955
Diplom in Komposition

1957/58
Einjähriger Aufenthalt in Paris. Studien bei der ungarischen Psychologin Marianne Stein, Kurse bei Darius Milhaud und bei der berühmten Analyseklasse von Olivier Messiaen

1967
Professor an der Budapester Ferenc Liszt Musik-Akademie, erst für Klavier, später für Kammermusik

1971
Einjähriger Aufenthalt in Berlin als Stipendiat des Deutschen Akademischen Austauschdienstes (DAAD)

1973
Kossuth-Preis des ungarischen Staates

1985
Verleihung des „**Title Officier des Arts et des Lettres**" durch den französischen Staat

1986
Kurtág zieht sich zurück von der Musik-Akademie, behält aber bis 1993 eine kleine Anzahl von Schülern

1987
Mitglied der Bayerischen Akademie der Schönen Künste, München, und der Akademie der Künste, Berlin

1993
Musikalischer Kompositionspreis von der Prinz Peter von Monaco-Stiftung, Herder-Preis von der Freiherr vom Stein-Stiftung, Hamburg, Premio Feltrinelli von der Accademia dei Lincei, Rom

1993/94
Zweijähriger Aufenthalt am Wissenschaftskolleg zu Berlin als composer in residence bei den Berliner Philharmonikern

1994
Österreichischer Staatspreis für Europäische Komponisten, Denis de Rougemont-Preis von der Europäischen Gesellschaft der Festspiele

1995
Einjähriger Aufenthalt in Wien als composer in residence

1996
Kossuth-Preis für sein Lebenswerk vom ungarischen Staat

1996
Honorarprofessor am Königlichen Konservatorium in Den Haag, Einladung u. a. vom Concertgebouw Orchester, von der Niederländischen Oper und dem Vredenburg Musikzentrum

Anhang

Förderpreise

Sowohl dem Neuen wie dem zu Bewahrenden nicht bloß das Ohr zu leihen, sondern das nötige Gehör zu verschaffen, das ist seit 1972 das Ziel der Ernst von Siemens Stiftung. Dafür verleiht sie – neben dem Hauptpreis – zusätzlich Förderpreise an Künstler, Institutionen und Projekte, von denen wir glauben, daß von ihnen auch das Unerwartete zu erwarten ist.

Um den **Komponisten** die notwendige finanzielle Unabhängigkeit – zumindest über einen gewissen Zeitraum – zu gewähren, damit sie so in ihrer Kreativität, in ihrem Schaffensprozeß nicht eingeengt sind, und den **Interpreten** die Möglichkeit zu geben, Werke lebender Komponisten zur Aufführung zu bringen, sich in vielen Fällen grenzenlos für diese Werke einzusetzen, hat Ernst von Siemens diese Stiftung gegründet.

Um diese ideelle, unendlich wichtige Arbeit der Künstler zu unterstützen, damit wir – das Publikum – immer wieder angeregt werden, weiter zu denken, zu versuchen, dem Intellekt zu folgen, nicht zu „verstauben" aus Bequemlichkeit, vergibt die Ernst von Siemens Stiftung alljährlich eine große Anzahl von Förderpreisen.

Zuwendungen an Institutionen, Ensembles und Personen

1994
Der Thomanerchor, Leipzig
Tschaikowsky Konservatorium, Kiew
Berliner Kammeroper
Neue Mozart-Ausgabe, Salzburg
ensemble recherche, Freiburg
Jupiter Quartett, Prag
Polish Society for Contemporary Music, Warschau
Polyphonies Vivantes, Paris

1995
Stiftung Klosterschule, Roßleben
Beethoven-Gesellschaft, München
Klangforum, Wien
Dresdner Kammerchor
Yuval – Französischer Verein zum Erhalt jüdischer Musiktraditionen
Bohuslav Martinů-Festival, Prag
Dirigentenforum/Deutscher Musikrat
Young Concert artists Trust, London
Münchener Kammerorchester
Neue Mozart-Ausgabe, Salzburg
Biographie György Kurtág von Lidia Bramani

1996
Das Renner Ensemble, Regensburg
Junge Deutsche Philharmonie, Frankfurt/M.
Camerata Academica, Salzburg
Musik der Jahrhunderte, Stuttgart
Der Moskauer Neue Chor
Münchener Kammerorchester
Zeitklänge, Berlin
Ensemble Modern, Frankfurt/M.
Gustav Mahler Jugendorchester, Wien
Dresdner Zentrum für zeitgenössische Musik
Ensemble Aventure, Freiburg
Kammeroper Schloß Rheinsberg

1997
musica reanimata, Berlin
Zeitfluß Festival, Salzburg
Institut für Musikwissenschaft, Budapest
Verein für ostkirchliche Musik, Hemmental/Schweiz
Gustav Mahler Jugendorchester, Wien
Milano Musica, Mailand
Pan-Albanian Union of Music Professionals, Tirana
Deutscher Musikrat
Biographie über Raphael Kubelik, London

1998
rendez-vous musique nouvelle, Forbach/Lothringen
Collegium Novum, Zürich
Klangforum Wien
Internationale Musikwochen, Luzern/ Giya Kancheli
Musik der Jahrhunderte, Stuttgart
Akademie Schloß Solitude, Stuttgart
Ensemble 13, Karlsruhe
Archivio Luigi Nono, Venedig
Guardini Stiftung, Berlin
Internationales Musikinstitut, Darmstadt
Russisches Nationalorchester, Moskau
New Europe College, Dr. Sandu-Dediu, Bukarest
Gesellschaft zur Förderung der Richard-Wagner-Gesamtausgabe e. V., Mainz
Ensemble Modern Orchestra, Frankfurt/M.
Gustav Mahler Jugendorchester, Wien

Förderpreise an Komponisten

1994

Hans Jürgen von Bose, München

Seit der Verleihung des Berliner Kunstpreises 1977 findet Hans Jürgen von Bose internationale Beachtung und Anerkennung. Die Förderung der Ernst von Siemens Stiftung erfolgt im Zusammenhang mit einem Kompositionsauftrag des Berliner Philharmonischen Orchesters mit Uraufführung am 1. und 2. 6. 1995.

Marc-André Dalbavie, Paris

Der französische Komponist beteiligt sich seit 1985 am IRCAM an den Untersuchungen der Arbeitsgruppe Recherche musicale. Seine Werke „Diadèmes" und „Seuils" haben internationale Aufmerksamkeit erhalten.

Luca Francesconi, Mailand

Seine Werke werden von prominenten Ensembles wie die London Sinfonietta, das Arditti Quartet, das Ensemble Modern etc. aufgeführt. Der italienische Komponist, Dirigent und Kompositionslehrer schrieb aber auch für große Besetzung, u. a. die Oper „Scene".

1995

Philippe Hurel, Paris

Der französische Komponist wendete sich zuerst der Computer-Musik zu, war bei der Arbeitsgruppe Recherche musicale des IRCAM und gründete das Ensemble Court-circuit. Seine Werke werden von zahlreichen Ensembles und Orchestern gespielt und gehören zum festen Repertoire des Ensemble InterContemporain.

Gerd Kühr, Österreich

Der österreichische Komponist studierte bei Gerhard Wimberger, Salzburg, und bei Hans Werner Henze. Er unterrichtet an der Grazer Musikhochschule und ist Gastprofessor für Komposition in Salzburg. Als Komponist ist er durch zahlreiche Aufführungen und Rundfunkaufnahmen im In- und Ausland bekannt geworden.

1996

Rebecca Saunders, Berlin

Die in London geborene Komponistin studierte Violine in Edinburgh und Komposition bei Wolfgang Rihm. 1995 erhielt sie den Busoni Förderpreis der Akademie der Künste Berlin. Ihre Werke werden immer öfter bei Tagen der Neuen Musik beachtet. Sie schrieb u. a. für das Klangforum Wien, Ensemble Aventure, Zanfonia und das Hebrides Ensemble.

Volker Nickel, München

Schon als Zehnjähriger schrieb Volker Nickel eine abgeschlossene d-moll-Symphonie. Mit 21 hatte er großen Erfolg mit einem 25minütigen Violinkonzert, das sich als dynamischer Ausgangspunkt für neue Entwicklungen erwies. Sein Lehrer ist Hans Jürgen von Bose. 1995 wurde Nickel Stipendiat der Landeshauptstadt München für das Projekt einer lyrischen Kammeroper.

1997

Moritz Eggert, München

Unter den jüngeren deutschen Komponisten eine der stärksten Begabungen, auch als Pianist. Bereits die bei der 2. Münchner Biennale uraufgeführte Kammeroper „Paul und Virginie" zeugte von höchst eigenständiger gestalterischer Phantasie. Sein „Hämmerklavier"-Zyklus gehört zu den erfolgreichsten Werken der Neuen Klaviermusik.

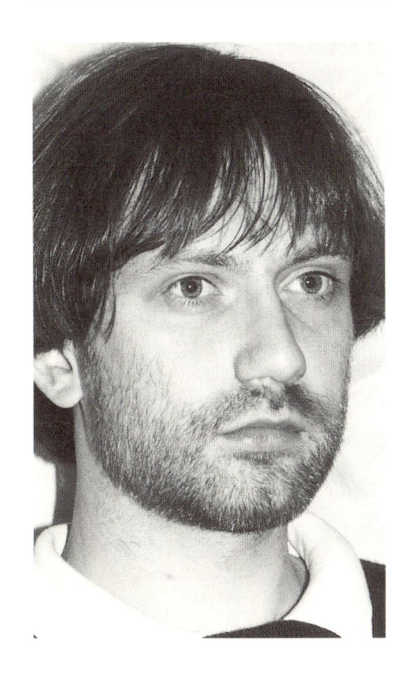

Mauricio Sotelo, Madrid

Die Musik des spanischen Komponisten zeichnet sich durch eine innere Architektur feinster Klangorganismen aus, Ergebnis eines überaus subtilen Kompositions-Prozesses. 1993 gründete Sotelo an der Universität von Alcalà de Henares ein internationales Seminar für Komposition, Analyse und Interpretation der Musik des XX. Jahrhunderts, dem er als künstlerischer Leiter vorsteht.

1998

Antoine Bonnet, Paris

Zu Hause war er zunächst in der seriellen Musik und im Konstruktivismus. Mit unterschiedlichen neuen Mitteln hat er einen sehr persönlichen Stil entwickelt, oft in Anlehnung an den Lyrismus, an Gedichte von Paul Celan oder Julien Graq. Nach dem Text von Fernando Pessoa will er das Oratorium „L'Ode Maritime" für Chor, Orchester, Elektronik und einen Sprecher realisieren.

Claus-Steffen Mahnkopf, Freiburg

Er selbst bezeichnet seine Musik als ambivalent: traditionell in ihrer Treue zum Werk und zur Formgeschlossenheit, andererseits der radikalen Moderne verpflichtet. Sie verläuft für ihn von Beethoven über Wagner und die Wiener Schule zum Serialismus (vor allem Boulez). Mahnkopf schreibt an seinem Musiktheater „Angelus Novus" für die Münchner Biennale.

Ernst von Siemens Musikpreisträger

1973	Benjamin Britten	1989	Luciano Berio
1975	Olivier Messiaen	1990	Hans Werner Henze
1976	Mstislav Rostropovich	1991	Heinz Holliger
1977	Herbert von Karajan	1992	H. C. Robbins Landon
1978	Rudolf Serkin	1993	György Ligeti
1979	Pierre Boulez	1994	Claudio Abbado
1980	Dietrich Fischer-Dieskau	1995	Harrison Birtwistle
1981	Elliott Carter	1996	Maurizio Pollini
1982	Gidon Kremer	1997	Helmut Lachenmann
1983	Witold Lutosławski	1998	György Kurtág
1984	Yehudi Menuhin		
1985	Andrés Segovia		
1986	Karlheinz Stockhausen		
1987	Leonard Bernstein		
1988	Peter Schreier		

1994 erschien die Dokumentation „Die Musik und ihr Preis – Die internationale Ernst von Siemens Stiftung", herausgegeben von Rüdiger von Canal und Günther Weiß im ConBrio Verlag, Regensburg. Sie stellt die Ernst von Siemens Musikpreisträger von 1973 bis 1993 vor.

Magnus-Haus-Konzerte Berlin

Das Magnus-Haus am Kupfergraben in Berlin-Mitte

Magnus-Haus-Konzerte. Musikalischer Salon. Unter diesen Überschriften stellt sich eine kleine Konzertreihe mit Preisträgern der Ernst von Siemens Stiftung in der alten und neuen Hauptstadt Berlin vor. Neben der Auszeichnung hervorragender Lebensleistungen auf dem Gebiet der Musik gilt der Ernst von Siemens Preis vor allem der gezielten Förderung von Personen, Ensembles und Institutionen an der Basis der internationalen Musikszene. Diese bedeutende mäzenatische Initiative wünscht das Magnus-Haus praktisch zu unterstützen, indem es dem hochbegabten musikalischen Nachwuchs ein Auftrittspodium bereitstellt.

Die Bezeichnung „Musikalischer Salon" läßt durchaus Assoziationen an die berühmten Berliner Salons zu Anfang des vorigen Jahrhunderts zu, in denen sich Geistesgrößen ihrer Zeit trafen und diskutierten. Das Magnus-Haus möchte einerseits an diese Tradition anknüpfen, andererseits aber auch seiner eigenen Geschichte gedenken. Versammelte sich doch hier im vorigen Jahrhundert um den Naturwissenschaftler Gustav Magnus und die „Physikalische Gesellschaft zu Berlin" bereits „ein mächtig anregender Kreis von talentvollen jungen Naturforschern", wie Werner von Siemens in seinen „Lebenserinnerungen" berichtet.

Vor diesem Hintergrund strebt das mit hohem Sachverstand restaurierte, in unmittelbarer Nachbarschaft der Staatlichen Museen, des Maxim-Gorki-Theaters, der Staatsoper und der Humboldt-Universität stehende Haus am Kupfergraben einen neuen interdisziplinären Dialog an, nun auch unter Einbeziehung der Bildenden Kunst und der Musik. Die unkonventionellen Musikprogramme der jungen Künstler zum Beispiel sollen neugierig machen auf zeitgenössische Komponisten und auf eine innovative Sichtweise scheinbar vertrauter Werke der Vergangenheit. Dr. Wilhelm Matejka moderiert die Konzerte, der Sender Freies Berlin schneidet sie mit. Auf diese Weise werden über den intimen Rahmen dieser Kammerkonzerte im Magnus-Haus weit hinaus musikinteressierte Kreise angesprochen und erreicht. Nach den Veranstaltungen soll außerdem Gelegenheit geboten werden zu zwanglosen Gesprächen zwischen den Künstlern und den Zuhörern.

„Preise sind gut und helfen weiter. Aber für den Musiker ist das Hervorbringen von Musik und die Teilnahme der Zuhörer an diesem Schöpfungsakt noch wichtiger. Deshalb hat sich die Stiftung entschlossen, einige ihrer Preisträger in lockerer Termin-Folge einem interessierten Kreis von geladenen Gästen aus Kultur, Wirtschaft und Politik, insbesondere aber auch Rundfunk und Presse, vorzustellen und zugleich die Gelegenheit zu nutzen, die hier vorgestellten Programme und Interpreten via Rundfunk einer größeren Öffentlichkeit bekanntzumachen.

Magnus-Haus, Entrée
und Treppenhaus

Wir freuen uns, daß der Sender Freies Berlin unseren Vorschlag mit Verve aufgriff und nun heute abend und an den folgenden Abenden aktiv, das heißt: mitschneidend teilnimmt und teilnehmen wird."

Aus der Eröffnungsrede am 31.10.1995 von Heinz Friedrich, Vorsitzender des Stiftungsrates und Präsident der Bayerischen Akademie der Schönen Künste (bis 1996)

Programme der Konzerte

31. Oktober 1995
Neues Leipziger Streichquartett mit Werken von Joseph Haydn, Arnold Schönberg, Steffen Schleiermacher, Ludwig van Beethoven

23. November 1995
Ensemble Modern mit Werken von Denys Bouliane, Tristan Murail, Wolfgang Rihm

5. Februar 1996
Solisten des Münchener Kammerorchesters mit Werken von Wolfgang Amadeus Mozart, Béla Bartók, Bohuslav Martinů

4. April 1996
Musica Antiqua Köln mit Werken von Biagio Marini, Henry Purcell, John Blow, Georg Friedrich Händel, Domenico Gallo, Johann Sebastian Bach

14. Oktober 1996
Škampa Quartet mit Werken von Wolfgang Amadeus Mozart, Petr Eben, Anton von Webern, Leo Janáček

15. November 1996
Hommage für Dr. h.c. Paul Sacher aus Anlaß seines 90. Geburtstages. **„ensemble recherche"** mit Werken von Luciano Berio, Wolfgang Rihm, Elliott Carter, Igor Strawinsky, Helmut Lachenmann, Béla Bartók

27. Februar 1997
Mitglieder der Jungen Deutschen Philharmonie mit Werken von Béla Bartók, György Kurtág, Giovanni Gabrieli, Benjamin Britten, Isang Yun, Vykintas Baltakas

15. Mai 1997
Ensemble Aventure mit Werken von Erwin Schulhoff, Iannis Xenakis, Helmut Oehring, Conlon Nancarrow, Nikolaus A. Huber

17. November 1997
Aus Anlaß des 75. Geburtstages von Prof. Dr. h.c. Heinz Friedrich, langjähriger Vorsitzender des Stiftungsrates
Jupiter Quartett mit Werken von Bohuslav Martinů, Dmitri Schostakowitsch, Maurice Ravel

28. April 1998
Ensemble 13 mit Werken von Giacinto Maria Scelsi

1. März 1998
Klangforum Wien mit Werken von Helmut Lachenmann, Beat Furrer, György Kurtág

13. Oktober 1998
Keller Quartett mit Werken von György Kurtág, Béla Bartók, György Ligeti

23. November 1998
Neue Vocalsolisten Stuttgart mit Werken von Pascal Dusapin, Giacinto Maria Scelsi, Joël-François Durand, Karin Rehnqvist, Nikolaus A. Huber, Younghi Pagh-Paan, Luigi Nono

Pressestimmen

„Ein illustrer Kreis lauschte den aus modernem Geist heraus interpretierten Werken von Haydn, Beethoven, Schönberg und Schleiermacher. Anschließend fand man sich am Büfett zu Gesprächen zusammen. ‚Diese Soireen sollen dem Nachwuchs ein Auftrittspodium bieten, den Dialog über die Musik in unserer Zeit und mit unserer Zeit akzentuieren', erklärt Thomas von Angyan, Generalsekretär der Gesellschaft der Musikfreunde in Wien und Vorsitzender des Kuratoriums der Siemens Stiftung. ‚Wir wollen zeigen, was und wer mit diesem Geld gefördert wurde und ob es »wert« war, diese einmaligen Prämien zwischen 30.000 und 40.000 Mark auszuschütten.' Seit ein paar Jahren fließen die Gelder verstärkt in die neuen Bundesländer und Reformstaaten wie Tschechien oder Polen: ‚Weil die Kultur dort heute leider nicht mehr den Stellenwert besitzt wie früher', erläutert von Angyan."

Peter Buske, Berliner Zeitung, 2.11.95

„Szenenwechsel. Eine musikalische Soiree im Herzen der Hauptstadt. Den Anfang machte das Neue Leipziger Streichquartett – sinnigerweise mit Haydn. Gleich zu Beginn die Besinnung auf die Ursprünge. Der Gründervater der Gattung stand an erster Stelle, als die vier Jungmusiker unlängst im Magnus-Haus Berlin vor geladenen Gästen konzertierten. Eben dort, wo Werner von Siemens seinen späteren Geschäftspartner Halske kennenlernte, wo Max Reinhardt einst residierte und seit kurzem Richard von Weizsäcker ein Büro unterhält."

Albrecht Thiemann,
Märkische Allgemeine, Potsdam, 24.11.95

„Feine Leute sind so unglaublich freundlich, fein und gebildet, daß sie selbst ein Quartett von Isang Yun ungerührt über sich ergehen lassen. Sind sie fein, weil sie gebildet sind? Oder sind sie gebildet, weil sie fein sind? Auf jeden Fall sind sie geübt in der Technik der interessierten Anteilnahme, die letzten Endes schwer zu durchschauen ist. Schon die Zusammenstellung der Kleidung war ein gesellschaftliches Kunstwerk. Es sollte fein sein – in diesem Kreise konnte es leicht passieren, underdressed zu erscheinen –, aber auch nicht wieder so fein, daß es nach gar keiner Arbeit aussah. Das durfte sich nur die Dame des Hauses erlauben, weil man von ihr wußte, daß sie an diesem Abend gearbeitet hatte. Man kann sagen, daß alle die Hürde der Sowohl-als-auch-Kleidung genommen hatten. Die Damen bevorzugten ein bißchen Gold- und Silberflimmern, die Herren Dunkelblau und Steingrau. Ein älterer Herr wurde gesichtet, der den absolut letzten, echten Mao-Anzug trug, ein kostbares Stück. Künstler nutzten den Künstlerbonus mit Samtjackett und offenem Hemd. Funk- und Fernsehjournalisten trugen ihr Arbeitszeug von der Marke: Als wenn ich zum Vergnügen hergekommen wäre."

Hans Scherer,
Frankfurter Allgemeine Zeitung, 4.3.97

Sein Name ist Legende. Er hat das europäische Musikleben wie kaum ein anderer begleitet: Paul Sacher. Als Dirigent des von ihm gegründeten Basler Kammerorchesters und vor allem als Mentor und Anreger hat er von seiner schweizerischen Heimat aus das Neue, das wiederentdeckte Alte, die Forschung gefördert.

Ist dtv als Heinz Friedrichs Lebenswerk bekannt, so kamen doch im Lauf der Zeit andere hohe Positionen dazu. Seit 1983 Präsident der Bayerischen Akademie der Schönen Künste, pflegte er in deren Räumen die Verleihung des Ernst von Siemens Musikpreises auszurichten. Es entstand auch zwischen Ernst von Siemens und ihm eine enge Freundschaft über die Musik. Als der Gründer 1990 im Alter von 87 Jahren starb, wurde Heinz Friedrich sein Nachfolger als Vorsitzender des Stiftungsrates (bis Juni 1996).
Aus Anlaß seines 75. Geburtstages feierte die Stiftung mit ihm bei einem Magnus Haus Konzert in Berlin.

„Er liebt klassische Musik", sagt das Munzinger-Archiv lakonisch über Heinz Friedrich, den Meister unter den Büchermachern, der mit dem Deutschen Taschenbuch Verlag verlegerische Geschichte machte, jahrzehntelang.

Hommage für Dr. h. c. Paul Sacher, Ehrenvorsitzender des Kuratoriums, aus Anlaß seines 90. Geburtstages

Dem langjährigen Kuratoriums- und jetzigen Ehrenvorsitzenden der Ernst von Siemens Stiftung, Dr. h. c. Paul Sacher, ist ein Hommage-Konzert in der Reihe der Magnus-Haus-Konzerte gewidmet. Die Stiftung ehrt damit eine Persönlichkeit, die im europäischen Musikleben des 20. Jahrhunderts eine herausragende und einzigartige Stellung einnimmt. Paul Sacher hat sich mit unermüdlicher Kraft und mit ebenso beharrlichem wie leidenschaftlichem Engagement der Musik unseres Jahrhunderts gewidmet.

Als aktiver Künstler gründete und leitete er das Basler Kammerorchester und das Collegium Musicum Zürich. Über Jahrzehnte hinweg trat er als erfolgreicher Dirigent in vielen Städten Europas und der Welt auf – mit dem besonderen Akzent eines konsequenten Wegbereiters zeitgenössischer Musik.

Er erwies sich zugleich als tatkräftiger und opferbereiter Mäzen. So erwuchs aus seinen Anregungen und Aufträgen an eine große Zahl führender Komponisten eine Sammlung zeitgenössischer Originalpartituren, die als einzigartig bezeichnet werden kann und den Grundstock der Paul Sacher Stiftung Basel bildet.

Hinzu kommen viele weitere Sammlungen großer Komponisten des 20. Jahrhunderts, die kontinuierlich eingebracht wurden und laufend weiter ergänzt werden. Spektakulär war der Erwerb der Nachlässe von Igor Strawinsky, dessen Schaffen Paul Sacher besonders förderte, sowie von Anton von Webern.

Die Ernst von Siemens Stiftung hat seit ihrem Bestehen das Glück, sich auf die Kenntnisse, die Tatkraft, den großen Einfluß sowie die intensive Ausstrahlungskraft einer Persönlichkeit stützen zu können, die in ihrer besonderen Ausprägung in der Musikwelt unseres Jahrhunderts ihresgleichen sucht.

Die Faszination, die Liebe und Leidenschaft zur Musik, die die Persönlichkeit Paul Sachers auszeichnen, wurden auch im Zuge einer intensiven „Wahlverwandtschaft" in der Beziehung zu Dr. Ernst von Siemens, des Begründers der gleichnamigen Stiftung, bestimmend wirksam. So äußerte sich Paul Sacher anläßlich des 20jährigen Bestehens der Ernst von Siemens Stiftung: „Ernst von Siemens war eine leidenschaftliche Natur, in seinen Überzeugungen stark und unbeirrbar... Ohne die Begegnung mit der eindrucksvollen charismatischen Erscheinung des Stifters hätte ich wohl nie der Ernst von Siemens Stiftung so viel Zeit und Hingabe gewidmet."

Die Mitglieder des Stiftungsrats und des Kuratoriums der Ernst von Siemens Stiftung

Die Mitglieder des Stiftungsrats
(Stand 1999)

Vorsitzender seit 1996 **Prof. Dr. Wieland Schmied**
Präsident der Bayerischen
Akademie der Schönen Künste,
München

Mitglieder Peter von Siemens, München

The Earl of Chichester,
Salisbury, England

John C. Haley,
Mendon, USA

Prof. Dr. Reinhold Kreile, München

**Prof. Dr. h.c. Manfred von
Mautner Markhof,** Wien

Dr. iur. Dieter von Schulthess,
Zürich

Stadtrat Dr. Thomas Wagner,
Zürich

Prof. Dr. Wieland Schmied

The Earl of Chichester

John C. Haley

Prof. Dr. Reinhold Kreile

Prof. Dr. h.c. Manfred von Mautner Markhof

Dr. iur. Dieter von Schulthess

Peter von Siemens

Stadtrat Dr. Thomas Wagner

Das Kuratorium: (von links)
Cristóbal Halffter, Paul Sacher,
The Earl of Harewood, Thomas
von Angyan, Wolfgang Rihm,
Pierre Boulez, Hermann
Danuser, Wolfgang Sawallisch

Die Mitglieder des Kuratoriums
(Stand 1999)

Ehrenvorsitzender	**Dr. h.c. Paul Sacher,** Pratteln bei Basel (Mitglied seit 1975)
Vorsitzender seit 1995	**Dr. Thomas von Angyan,** Wien (Mitglied seit 1987)
Mitglieder	**Prof. Pierre Boulez,** Paris (Mitglied seit 1979)
	Prof. Dr. Hermann Danuser, Berlin (Mitglied seit 1996)
	Prof. Dr. h.c. Cristóbal Halffter Villafranca del Bierzo, Spanien (Mitglied seit 1997)
	The Earl of Harewood KBE, London (Mitglied seit 1979)
	Prof. Wolfgang Rihm, Karlsruhe (Mitglied seit 1993)
	Prof. Wolfgang Sawallisch, Grassau im Chiemgau (Mitglied seit 1982)
Geschäftsführung	**KPMG Fides, Luzern** Dr. Hubert Achermann, Christoph Portmann
	Michael Roßnagl, München

Statut der Ernst von Siemens Stiftung, Zug

Revidiertes Statut der Ernst von Siemens Stiftung, Zug, den 4. Juni 1997

Art. 1 Name und Sitz

1.1
Unter dem Namen **Ernst von Siemens Stiftung** besteht eine Stiftung im Sinne von Art. 80 ff. ZGB.

1.2
Die Stiftung hat ihren Sitz in Zug. Der Stiftungsrat kann den Sitz mit Zustimmung der Aufsichtsbehörde an einen anderen Ort in der Schweiz verlegen.

Art. 2 Zweck

2.1
Die Stiftung verfolgt ausschliesslich und unmittelbar gemeinnützige Zwecke.

Die Stiftung bezweckt die Förderung der Kunst, insbesondere

a) die Heran- und Fortbildung des künstlerischen Nachwuchses auf dem Gebiet der Musik, u.a. auch durch Zuwendungen an Institutionen und Einzelpersonen, die auf dem Gebiet der Musik tätig sind, jedoch verbunden mit der ausdrücklichen Auflage, die Zuwendung ausschliesslich für die erwähnten Zwecke zu verwenden,

b) den Gedankenaustausch zwischen schweizerischen, deutschen und anderen Musikkünstlern oder Musikwissenschaftlern,

c) die Verleihung von Preisen an produzierende oder reproduzierende Musikkünstler oder Musikwissenschaftler, die auf ihrem Gebiet besondere Leistungen vollbringen, insoweit dadurch ihr künstlerisches Schaffen gefördert und wertvolle Kunstwerke der Allgemeinheit zugeführt werden. Die Musikpreise werden unter der Bezeichnung **Ernst von Siemens Musikpreis** verliehen.

2.2
Die Zuwendungen nach Bst. a und c dürfen im Einzelfall einen angemessenen Rahmen nicht übersteigen und müssen im Durchschnitt der Jahre in einem ausgewogenen Verhältnis zueinander stehen.

Art. 3 Vermögen

3.1
Der Stifter widmete der Stiftung ein Anfangsvermögen von nom. DM 1.000.000,– = 20.000 Stück Siemens-Aktien (in Worten: nom. eine Million DM).
Das Stiftungsvermögen wird gehäufnet durch weitere Zuwendungen des Stifters und Zuwendungen von dritten Personen.

3.2
Die Stiftung erfüllt ihre Aufgabe aus den Erträgen des Stiftungsvermögens.

3.3
Die Erträge dürfen nur für die statutenmässigen Zwecke im Sinne des Art. 2 verwendet werden.

3.4
Es darf keine Person durch Verwaltungsausgaben oder unangemessen hohe Vergütungen, die den Zwecken der Stiftung fremd sind, begünstigt werden.

Art. 4 Organisation

4.1
Die Organe der Stiftung sind:
4.1.1 der Stiftungsrat
4.1.2 das Kuratorium
4.1.3 die Geschäftsführung
4.1.4 die Kontrollstelle

4.1.1 Stiftungsrat

4.1.1.1
Der Stiftungsrat besteht aus mindestens fünf Mitgliedern.
Der Stiftungsrat hat einen Vorsitzenden. Der Gründungsvorsitzende ist Herr Ernst von Siemens, und zwar auf Lebenszeit, es sei denn, dass er sein Amt vorher zur Verfügung stellt.

Die Mitglieder des Stiftungsrates sollen nicht älter als 75 Jahre sein.

4.1.1.2
Die Amtsdauer des Stiftungsrates mit Ausnahme des Gründungsvorsitzenden, Herrn Ernst von Siemens, beträgt vier Jahre. Nach Ablauf der Amtsdauer sind sie wiederwählbar.

4.1.1.3
Ein Mitglied des Stiftungsrates wird durch die Werner Siemens-Stiftung, Zug, bestimmt. Ein weiteres Mitglied des Stiftungsrates wird durch die Akademie der Schönen Künste, München, bestimmt; dieses Mitglied übernimmt gleichzeitig den Vorsitz des Stiftungsrates. Falls die Akademie nicht ihren Präsidenten entsandt hat, ist sie berechtigt, diesen zusätzlich als Mitglied des Stiftungsrates zu bestimmen. Die übrigen Mitglieder des Stiftungsrates werden durch Kooptation gewählt; hierbei entscheidet die Mehrheit sämtlicher Mitglieder des Stiftungsrates.

4.1.1.4
Die Mitglieder des Stiftungsrates sind ehrenamtlich für die Stiftung tätig; sie haben lediglich Anspruch auf Ersatz ihrer Auslagen. Sie haben keinen Anspruch auf die Erträge des Vermögens der Stiftung; es dürfen ihnen keine Vermögensvorteile zugewendet werden.

4.1.1.5
Der Stiftungsrat vertritt die Stiftung nach aussen, bezeichnet diejenigen Personen, welche die Stiftung rechtsverbindlich vertreten und ordnet die Art und Weise der Zeichnung.

4.1.1.6
Der Stiftungsrat hat insbesondere folgende Aufgaben:

a) Genehmigung des Voranschlages, der Jahresrechnung und des Jahresberichtes.

b) Verwaltung des Stiftungsvermögens

c) Beschlussfassung über die Höhe der zur Preisverteilung verfügbaren Erträge des Stiftungsvermögens

d) Bestellung des Kuratoriums, der Geschäftsführung und der Kontrollstelle

e) Besorgung aller Geschäfte, die nicht auf Grund dieser Statuten einem anderen Stiftungsorgan übertragen sind.

Für die Verwaltung des Stiftungsvermögens gemäss Art. 4.1.1.6 Bst. b hievor gelten folgende Grundsätze: Die zum Vermögen der Stiftung gehörenden Aktien der Siemens Aktiengesellschaft mit dem Sitz in Berlin und München, auch soweit sie erst künftig erworben werden, dürfen nicht veräussert werden. Ferner dürfen diese Aktien nur mit Zustimmung sämtlicher Mitglieder des Stiftungsrates mit Rechten Dritter belastet werden. Diese Regelung des Statuts für die Verwaltung des Stiftungsvermögens kann nur mit Zustimmung sämtlicher Mitglieder des Stiftungsrates aufgehoben werden.

4.1.1.7
Der Stiftungsrat ist beschlussfähig, wenn mehr als die Hälfte seiner Mitglieder anwesend ist. Eine Abstimmung kann auch schriftlich oder fernschriftlich erfolgen. Der Stiftungsrat beschliesst mit einfacher Mehrheit der abgegebenen Stimmen. Bei Stimmengleichheit steht dem Vorsitzenden der Stichentscheid zu.

Über die Verhandlungen des Stiftungsrates ist ein Protokoll zu führen.

4.1.1.8
Der Stiftungsrat leitet die Stiftung nach den Vorschriften des Gesetzes, den Bestimmungen von Stiftungsurkunde und Reglement und den Weisungen der Aufsichtsbehörde.

4.1.2 **Das Kuratorium**

4.1.2.1
Für die Verleihung des Musikpreises und den Zuwendungen nach Art. 2.1 Bst. a wird vom Stiftungsrat ein Kuratorium eingesetzt. Dieses besteht aus fünf bis acht auf dem Gebiet der Musik sachverständigen Persönlichkeiten. Die Amtszeit der Kuratoriumsmitglieder beträgt drei Jahre.

4.1.2.2
Auf Grund der Beschlussfassung des Stiftungsrates gemäss Art. 4.1.1.6 Bst. c bestimmt das Kuratorium den bzw. die ausserhalb der Organe der Stiftung stehenden Künstler, die den Ernst von Siemens Musikpreis erhalten sollen. Es bestimmt auch die Höhe der einzelnen Musikpreise.

4.1.3 Die Geschäftsführung

4.1.3.1
Die Geschäftsführung besteht aus höchstens zwei Personen, die vom Stiftungsrat bestellt werden. Kein Mitglied der Geschäftsführung kann gegen den Widerspruch des auf Vorschlag der Werner Siemens-Stiftung, Zug, gemäss Art. 4.1.1.3 bestellten Mitgliedes des Stiftungsrates bestellt werden.

4.1.3.2
Die Geschäftsführung führt die laufenden Geschäfte der Stiftung nach den vom Stiftungsrat festgesetzten Richtlinien; in diesem Umfang ist sie zur Vertretung der Stiftung berechtigt.

4.1.3.3
Der Stiftungsrat bestimmt die Bezüge der Geschäftsführung.

4.1.4 Die Kontrollstelle

4.1.4.1
Die jeweils für ein Kalenderjahr aufzustellende Rechnung der Stiftung wird jährlich durch eine Kontrollstelle geprüft, die vom Stiftungsrat bezeichnet wird. Sie hat in Beachtung des Stiftungsstatuts das Ergebnis ihrer Prüfung dem Stiftungsrat schriftlich mit Antrag auf Entlastung der Geschäftsführung zu unterbreiten.

Art. 5 Aufsichtsbehörde

5.1
Nach Art. 84 ZGB untersteht die Stiftung der Aufsicht durch die zuständige Behörde.

Art. 6 Änderung des Statuts und Auflösung

6.1
Etwaige Änderungen des Stiftungsstatuts im Sinne von Art. 85 ff. ZGB können nur durch die zuständige Behörde nach Anhörung des Stiftungsrates vorgenommen werden. Eine etwaige Sitzverlegung bedarf der Zustimmung der Aufsichtsbehörde.

Im übrigen können Änderungen des Stiftungsstatuts auch vom Stiftungsrat beantragt werden.

6.2
Für die etwaige Auflösung der Stiftung gilt Art. 88 ZGB.

Im Falle der Auflösung der Stiftung fällt das Vermögen an eine vom Stiftungsrat im Einvernehmen mit der Aufsichtsbehörde zu bezeichnende gemeinnützige Institution, die es in einer dem Stiftungszweck entsprechenden Weise zu verwenden hat.

6.3
Die Zustimmung der Aufsichtsbehörde zur Aufhebung und Liquidation der Stiftung bleibt vorbehalten.

Personenregister

Abbado, Claudio 6, 12, 16ff., 30, 42, 61, 90
Achermann, Hubert 8, 98
Afanassiew, Walerij P. 43
d'Albert, Eugen 47
Angyan, Thomas von .... 8, 95f.
Arditti Quartet 14
Argerich, Martha 44
Arrau, Claudio 48

Bach, Johann Sebastian 45, 47, 73, 94
Backhaus, Wilhelm 44
Balakirew, Milij 43
Baltakas, Vykintas 94
Barenboim, Daniel 43
Bartók, Béla 20, 73, 77, 94
Beethoven, Ludwig van 9, 12ff., 37,
   41f., 44ff., 48f., 52, 68, 73, 89, 94f.
Benedetti Michelangeli, Arturo 42f., 45
Berg, Alban 53, 73
Berio, Luciano 11, 31, 90, 94
Bernstein, Leonard 25, 30, 44, 90
Bettinelli, Bruno 25, 53
Beuth, Reinhard 50
Bialas Günter 59, 67
Birtwistle, Harrison 6, 11, 14, 27ff., 61, 90
Blanchot, Maurice 60
Blow, John 94
Bocelli, Andrea 9
Bonnet, Antoine 11, 89
Bouliane, Denys 94
Bose, Hans-Jürgen von 11, 86, 88
Boulez, Pierre 6, 11ff., 20, 30, 41, 43,
   47f., 53, 72, 76, 89, 100
Brahms, Johannes 47, 52, 68, 73
Bramani, Lidia 85
Brembeck, Reinhard J. 9ff., 73
Britten, Benjamin 6, 11, 31, 44, 90, 94
Büchtger, Fritz 59, 67
Büning, Eleonore 33

Buske, Peter 95
Busoni, Ferruccio 18, 22

Cage, John 63
Calace, Enzo 25
Canal, Rüdiger von 8
Carter, Elliott 11, 90, 94
Casals, Pablo 43
Cecil, Adrian 77
Celan, Paul 89
Chichester, The Earl of 8, 98
Chopin, Frédéric 12, 41, 44ff., 50, 52
Csengery, Adrienne 78

Dalbavie, Marc-André 11, 86
Dallapiccola, Luigi 77
Danuser, Hermann 8, 12, 100
David, Johann Nepomuk 69
Debussy, Claude 41, 44, 47, 64, 73
Demény, János 80
Drei Tenöre 9, 56
Dufay, Guillaume 13
Durand, Joël-François 94
Dusapin, Pascal 94

Eben, Petr 94
Eckhardt, Ulrich .... 16ff.
Eggert, Moritz 11, 88
Eichholz, Hildegart 8
Einstein, Albert 23
Eisikovits, Max 82
Eötvös, Péter 67

Fábián, Márta 78
Farkas, Ferenc 82
Feldman, Morton 14, 32
Ferneyhough, Brian 63
Fierz, Heinz W. 8
Fischer-Dieskau, Dietrich 41, 44, 90

105

Fómina, Silvia	11
Francesconi, Luca	11, 87
Friedrich, Heinz	7f., 93, 94, 96
Furrer, Beat	11, 94
Furtwängler, Wilhelm	19
Gabrieli, Giovanni	94
Gallo, Domenico	94
Glossner, Herbert	35
Godowsky, Leopold	43
Gould, Glenn	43
Gounod, Charles	45
Graq, Julien	89
Grierson, Sir Ronald H.	8
Gubaidulina, Sofia	44
Händel, Georg Friedrich	94
Haley, John C.	98
Halffter, Cristóbal	8, 12, 100
Hanssen, Frederik	19
Harewood, The Earl of	100
Haydn, Joseph	14, 94f.
Hegel, G.W.F.	63
Helfgott, David	9
Henze, Hans Werner	6, 11, 30, 87, 90
Heyde, Juliane von der	8
Heydrich, Reinhard	13
Hölderlin, Friedrich	77
Holliger, Heinz	11, 66, 90
Horowitz, Wladimir	43, 45
Huber, Nikolaus A.	94
Hurel, Philippe	11, 87
Jacobs, David	35
Jahn, Hans Peter	67
Janáček, Leo	94
Jansen, Manfred	35
Jarrell, Michael	11

Kadosa, Pál	82
Kaiser, Joachim	41ff.
Kaltenecker, Martin	64
Kammerer, Peter	49
Karajan, Herbert von	16, 30, 90
Kardos, Magda	82
Kayser, Beate	44
Kempff, Wilhelm	43
Keller, András	78, 94
Killmayer, Wilhelm	63
Klee, Paul	38
Kleiber, Carlos	19
Kocsis, Zoltán	78
Kreile, Reinhold	8, 98
Kremer, Gidon	90
Kühr, Gerd	11, 87
Kurtág, György	6, 11, 14, 20, 71ff., 90, 94
Kurtág, Márta	76ff.
Lachenmann, Helmut	6, 11, 13f., 55ff., 90, 94
Landon, Robbins H.C.	90
Lehmann, Hans Ulrich	63
Leeuw, Reinbert de	73
Ligeti, György	6, 11, 20, 73, 90, 94
Lipatti, Dinu	43
Liszt, Franz von	43
Lonati, Carlo	53
Lopez, George	11
Ludwig, Christa	44
Luster, Gabriele	59
Lutosławski, Witold	11, 90
Machado, Antonio	16
Machaut, Guillaume de	73
Mae, Vanessa	9
Mahnkopf, Claus-Steffen	11, 89
Manzoni, Giacomo	53
Marini, Biagio	94

Martinů, Bohuslav	94	Rehnqvist, Karin	94
Mason, Benedict	11	Reimann, Aribert	63
Matejka, Wilhelm	92	Reinhardt, Max	95
Mautner Markhof, Manfred von	98	Reißinger, Marianne	37
Melotti, Renata	48	Rihm, Wolfgang	12, 55ff., 88, 94, 100
Mendelssohn-Bartholdy, Felix	14	Ritter, Johann Wilhelm	72
Menuhin, Yehudi	44, 90	Rossini, Gioacchino	64
Messiaen, Olivier	6, 11, 30, 82, 90	Roßnagl, Michael	8, 100
Meyer-Schoellkopf, Ulrich	8	Rostropovich, Mstislav	90
Milhaud, Darius	82	Rothko, Mark	32
Monteverdi, Claudio	41, 64, 73	Rubinstein, Arthur	43
Morricone, Ennio	63		
Moser, Roland	71ff.	Sacher, Paul	7, 12, 94, 96, 97, 100
Mozart, Wolfgang Amadeus	14, 47, 73, 94	Saunders, Rebecca	11, 88
Murail, Tristan	94	Sawallisch, Wolfgang	100
Mussorgskij, Modest	73	Scelsi, Giacinto Maria	14, 73, 94
		Scherer, Hans	95
Nancarrow, Conlon	73, 94	Schleiermacher, Steffen	94
Nickel, Volker	11, 88	Schlüren, Christoph	59
Nono, Luigi	11f., 16, 19f., 41, 48, 52, 56, 63, 67ff., 94	Schmied, Wieland	6ff., 98
		Schnabel, Arthur	43, 48
		Schönberg, Arnold	41, 44, 52f., 58, 62, 68, 94f.
Oehring, Helmut	94	Schostakowitsch, Dmitri	94
		Schreiber, Wolfgang	42
Pagh-Paan, Younghi	94	Schreier, Peter	90
Pessoa, Fernando	89	Schubert, Franz	46f., 52, 55, 73
Phillips, Tom	27ff.	Schütz, Heinrich	73
Picasso, Pablo	37	Schulhoff, Erwin	94
Platon	10	Schulthess, Dieter von	98
Pollini, Gino	48	Schulz, Reinhard	49
Pollini, Maurizio	6, 12, 41ff., 61, 90	Schumann, Robert	41, 44, 47, 52, 73
Pollock, Jackson	31	Segovia, Andrés	90
Portmann, Christoph	8, 98	Serkin, Rudolf	90
Post, Herbert	59, 67	Siemens, Ernst von	6f., 84, 97
Puccini, Giacomo	31	Siemens, Peter von	8, 98
Purcell, Henry	31, 94	Siemens, Werner von	92, 95
		Sotelo, Mauricio	11, 89
Rachmaninow, Sergej	43, 45	Spahn, Claus	30
Ravel, Maurice	43, 94		

Stein, Marianne 82
Stoiber, Edmund 11
Stockhausen, Karlheinz 11, 13, 30,
 52f., 63, 73, 90
Strawinsky, Igor 38, 43, 47, 73, 77, 94, 97
Swarowsky, Hans 16, 25
Szervánszky, Endre 73

Thiemann, Albrecht 44, 95
Toscanini, Arturo .... 19f., 42f.
Tschaikowsky, Peter I. 12

Uhde, Jürgen 69

Varga, Bálint 80
Verdi, Giuseppe .... 12, 73f.
Veress, Sándor 75, 82
Vermeer van Delft 32
Vir, Param 11

Wagner, Richard 64, 89
Wagner, Thomas 98
Walter, Bruno 19
Webern, Anton von 38, 52f., 64,
 72, 78, 94, 97
Weiner, Leó 82
Weiß, Peter 65
Weizsäcker, Richard von 95
Willi, Herbert 11
Wimberger, Gerhard 87

Xenakis, Iannis 94

Yun, Isang 94

Zender, Hans 63

Nachweise

Abbildungen

Clive Barda, Deutsche Grammophon, Hamburg: S. 17
Michael von Bose, München: S. 86 oben
Isabel Brand, Freiburg: S. 89 unten
F. Bruckmann KG, München: S. 92, 93
Hanya Chlala, London: S. 34
Deutsche Grammophon, Hamburg: S. 47
Mara Eggert, München: S. 88 unten
Rolf Hans, ECM, München: S. 80
Evelyn Hofer, S. 23
Karl Hofer, Zürich: S. 96, 100
Jens Hübner, Berlin: S. 56
H. Joostens, London: S. 88 oben
Richard Kalina, London: S. 28, 32
Carolin Kunsemüller, Augsburg: S. 88 Mitte
Judit Kurtág, Paris: S. 75
Bruno Mace, Colombes: S. 87 Mitte
Elena Martin, Madrid: S. 89 oben
Melina Mulas, Mailand: S. 51
Charlotte Oswald, Wiesbaden: S. 62, 79
Privatarchiv. S. 86 unten, 87 oben, 89 Mitte, 99
Peter Schramek, Wien: S. 87 unten
Steve J. Sherman, Deutsche Grammophon, Hamburg: S. 21
Siemens Forum, München: S. 2
Christine Strub, München: S. 31, 43
Felicitas Timpe, München: S. 65, 76
Hilde Zemann, S. 96 unten

Es konnten leider nicht alle Rechtsinhaber der Bilder
ermittelt werden. Bitte wenden Sie sich gegebenenfalls an die
**Ernst von Siemens Stiftung
Wittelsbacherplatz 2
D-80333 München**

Herausgeber
Ernst von Siemens Stiftung

Redaktion
Hildegart Eichholz, Gabriele Weiner

Graphische Gestaltung
Gestaltungsbüro Schultes & Hersberger, München

Satz
SchumacherGebler, München

Litho
lithoservice Brodschelm, München

Druck und Bindung
Druck Ring GmbH, München

Copyright © 1999: Ernst von Siemens Stiftung, Zug/Schweiz

ISBN 3-00-004124-9